世界文化
鉴赏系列
★★★

现代汽车鉴赏

（工程车辆篇）

《深度文化》编委会◎编著

U0299246

清华大学出版社
北京

内 容 简 介

本书是一本讲解工程车辆的科普图书，书中精心收录了 230 款经典车型，包括挖掘车辆、铲运车辆、起重车辆、压实车辆、混凝土车辆及其他工程车辆。每款车型都详细介绍了生产厂商、应用范围、主要结构、核心技术、综合性能等知识，并配有详细的基本参数表格和精美的鉴赏图，全面介绍了每款车型的内部、外部构造。

本书讲解透彻、图片精美丰富，适合广大工程车辆爱好者、工程机械操作人员、工程建设专业人士、模型收藏者、车辆制造商和销售商、采购人员阅读和收藏，也可以作为广大学生和教育工作者的参考读物。

图书在版编目（CIP）数据

现代汽车鉴赏.工程车辆篇 /《深度文化》编委会编著 . —北京：清华大学出版社，2024.5

（世界文化鉴赏系列）

ISBN 978-7-302-66266-2

Ⅰ . ①现… Ⅱ . ①深… Ⅲ . ①工程车—鉴赏—世界 Ⅳ . ① U469

中国国家版本馆 CIP 数据核字（2024）第 096497 号

责任编辑：李玉萍
封面设计：王晓武
责任校对：张彦彬
责任印制：曹婉颖

出版发行：清华大学出版社
      网　　　址：https://www.tup.com.cn，https://www.wqxuetang.com
      地　　　址：北京清华大学学研大厦 A 座　　邮　　编：100084
      社 总 机：010-83470000　　　　　　　邮　　购：010-62786544
      投稿与读者服务：010-62776969，c-service@tup.tsinghua.edu.cn
      质 量 反 馈：010-62772015，zhiliang@tup.tsinghua.edu.cn
印 装 者：小森印刷（北京）有限公司
经　　销：全国新华书店
开　　本：146mm×210mm　　　印　　张：10.875　　字　　数：418 千字
版　　次：2024 年 6 月第 1 版　　印　　次：2024 年 6 月第 1 次印刷
定　　价：69.00 元

产品编号：101654-01

前　言

　　1988 年，我国第一条高速公路（沪嘉高速公路）建成通车，结束了中国大陆没有高速公路的历史。2012 年年底，我国高速公路通车总里程达 9.6 万公里，首次超越美国跃居世界第一。2021 年年底，我国高速公路通车总里程达 16.91 万公里，规模稳居世界第一。而高速公路的里程增长仅仅是我国基建工业瞩目成就的冰山一角，在桥梁、电力、油田等领域，我国也有非凡的成就。

　　基建是促进社会生产发展和提高人民生活水平的重要手段。它在为国民经济各部门新增固定资产和生产能力，对有计划地建立新兴产业部门，调整原有经济结构、合理布局生产力，采用先进技术发展国民经济、加快生产发展速度，为社会提供住宅和科研、文教卫生设施与城市基础设施，改善人民物质文化生活等方面，都具有重要意义。我国在基建工业上取得的世界瞩目的成就，离不开无数工人和工程师的辛勤努力，也离不开那些钢筋铁骨、力大无穷的得力助手——工程车辆。

　　工程车辆是装备工业的重要组成部分。概括地说，凡土石方施工工程、路面建设与养护、流动式起重装卸作业和各种建筑工程所需的综合性机械化施工工程所必需的机械装备，称为工程车辆。它们是工程建设的主干力量，能节省大量人力，也能极大地加快工程建设的进度。我国在工程车辆设计、制造和使用等方面的飞速发展，是我国基建工业稳步前进的重要保障。

本书是一本讲解世界工程车辆的科普图书。全书共分为7章，第1章详细介绍了工程车辆的定义、分类、构造等知识，第2~7章分别介绍了挖掘车辆、铲运车辆、起重车辆、压实车辆、混凝土车辆，其他工程车辆中的热门在售车型以及部分已经停产的经典车型。每款车型都详细介绍了生产厂商、应用场所、主要结构、核心技术、综合性能等知识，并配有详细的基本参数表格和精美的鉴赏图。

本书由《深度文化》编委会创作，参与编写的人员有丁念阳、阳晓瑜、陈利华、高丽秋、龚川、何海涛、贺强、胡姝婷、黄启华、黎安芝、黎琪、黎绍文、卢刚、罗于华等。对于广大工程车辆爱好者，以及有意了解工程车辆知识的青少年来说，本书不失为一本极有价值的科普读物。希望读者朋友们能够通过阅读本书，循序渐进地提高自己的工程车辆知识。

由于时间和编者经验有限，书中难免有疏漏和不足之处，恳请专家和读者不吝赐教。读者可以使用手机扫码下方的二维码获取本书赠送的写真图片等资源。

目 录

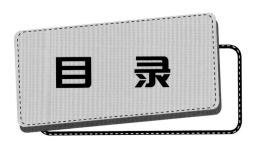

第3章 铲运车辆   109

第4章　起重车辆

第7章 其他工程车辆 309

第1章　工程车辆漫谈

　　工程车辆是工程建设的主干力量，它们的出现极大地加快了工程建设的进度，也节省了大量人力。狭义的工程车辆是指自带动力装置的工程车辆，还有部分工程车辆自身是没有动力装置的，移动时需要使用其他车辆进行装载或牵引。本章主要就工程车辆的定义、分类、构造等知识进行简要介绍。

工程车辆的定义

　　工程车辆是装备工业的重要组成部分。概括地说，凡土石方施工工程、路面建设与养护、流动式起重装卸作业和各种建筑工程所需的机械装备，称为工程车辆。它们广泛用于建筑、水利、电力、道路、矿山、港口和国防等工程领域。

　　人类采用起重工具代替体力劳动已有悠久历史，商周时期就有桔槔和辘轳的记载。桔槔是一种应用了杠杆原理的汲水工具，辘轳为手摇绞车的雏形。古代埃及和罗马，起重工具也有较多应用。19世纪初，欧洲出现了蒸汽机驱动的挖掘机、压路机、起重机等，此后由于内燃机和电机的发明，工程车辆得到较快的发展。第二次世界大战后工程车辆的发展更为迅速。工程车辆的品种、数量和质量直接影响一个国家生产建设的发展，故各国都给予了高度重视。

　　工程车辆在作业时具有一些独特的特点：①工程车辆大多数在野外作业，这要求车辆具备良好的越野能力和适应各种地形的能力；②工程车辆需要在各种工程环境下进行高强度作业，因此它们通常设计得非常坚固；③由于工程车辆操作的复杂性和作业环境的多变性，车辆的安全性设计非常重要，车辆应配备先进的安全系统，如倒车雷达、盲点探测等，以降低事故发生率；④工程车辆的技术性能包括自重系数、构造速度、轴重等，这些性能参数对车辆的运载能力和运行效率有直接影响；⑤工程车辆的动力系统和传动方式多样，包括内燃机、电力蓄电池等，以及液力传动、机械传动、液压传动和电传动等，以适应不同的作业需求和提高作业效率；⑥现代工程车辆的设计越来越注重环保性，如使用新能源工程车可以显著减少有害气体排放，达到更高的排放标准；⑦为了减轻操作人员的劳动强度并提高作业效率，工程车辆的操作舒适性和自动化水平在不断提升，如采用微机控制系统进行行车控制；⑧工程车辆的设计还考虑到了维护和修理的便捷性，以确保车辆的高可用性和降低运营成本。这些特点共同决定了工程车辆的设计方向和性能指标，使其能够满足工程建设中多样化和不断变化的需求。

　　工程车辆的性能参数主要有以下几个方面：①功率参数，如动力装置功率、牵引力和速度等；②质量参数，如整机质量、作业质量等；③尺寸参数，如工作尺寸、整机外型尺寸等；④经济参数，如作业周期、生产率等。

美国卡特彼勒公司生产的挖掘机和自卸车正在作业

 # 工程车辆的分类 ◀◀◀◀

工程车辆按用途主要分为以下几类。

（1）挖掘车辆：如单斗挖掘机（分为履带式挖掘机和轮式挖掘机）、多斗挖掘机（分为轮斗式挖掘机和链斗式挖掘机）、多斗挖沟机（分为轮斗式挖沟机和链斗式挖沟机）、滚动挖掘机、铣切挖掘机、隧道掘进机（包括盾构掘进机）等。

（2）铲运车辆：如推土机（分为轮式推土机和履带式推土机）、铲运机（分为履带自行式铲运机、轮胎自行式铲运机和拖式铲运机）、装载机（分为轮式装载机和履带式装载机）、平地机（分为自行式平地机和拖式平地机）、运输车（分为单轴运输车和双轴牵引运输车）、平板车和自卸车等。

（3）起重车辆：如塔式起重机、自行式起重机、桅杆起重机、抓斗起重机等。

（4）压实车辆：如轮胎压路机、光面轮压路机、单足式压路机、振动压路机、夯实机、捣固机等。

（5）混凝土车辆：如混凝土搅拌机、混凝土搅拌楼、混凝土搅拌输送车、混凝土喷射机等。

（6）其他工程车辆：桩工车辆（如钻孔机、柴油打桩机、振动打桩机、压桩机等）、路面车辆（如平整机、道砟清筛机等）、凿岩车辆（如凿岩台车、风动凿岩机、电动凿岩机、内燃凿岩机和潜孔凿岩机等）、架桥机、叉车等。

瑞典沃尔沃建筑设备公司生产的履带式挖掘机

美国卡特彼勒公司生产的轮胎自行式铲运机

工程车辆的构造

　　除部分没有动力的工程车辆外，其余工程车辆的基本构造包括发动机、传动装置、车体和车架、走行部、制动系统、电气系统及辅助装置七大部分。

　　（1）发动机是工程车辆的动力装置，其作用是将燃料的化学能转变为机械能。大部分工程车辆采用的是柴油发动机，即利用柴油燃烧时所产生的爆发力直接推动活塞做功。

　　（2）传动装置的作用是将发动机的机械能传给走行部，力求发动机的功率得到充分发挥。

　　（3）车体的作用在于保护工程车辆上的机器设备不受雨、雪、风、沙的侵袭，并通过隔音、隔热等措施改善乘务人员的工作条件。车体底架是工程车辆各种设备（柴油发动机、传动装置及车体）的安装基础，同时又承受和传递垂向力、纵向力和横向力。因此，要求底架在铅垂面和水平面上具有足够的强度和刚度，以保证安装在它上面的各种设备安全可靠地运行。

　　（4）走行部（转向架）的作用是承受工程车辆的上部重量，将传动装置传递过来的功转换为工程车辆的牵引力和位移，从而保证工程车辆的运行平稳和安全。

　　（5）制动系统的主要作用是当工程车辆遇到紧急情况时或者进站需要停车时，使工程车辆减速或停车。

　　（6）电气系统的功能是通过各种电器元件实现工程车辆启动、充电、照明等，保证工程车辆各系统正常运行。

　　（7）辅助装置的作用是保证发动机、传动装置和走行部的正常工作和可靠运行。辅助装置包括燃油供给系统、冷却水系统、机油系统、空调系统、液压系统等，还包括信号装置、灭火器以及随车工具等。

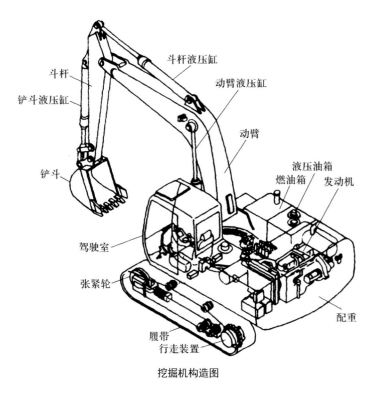

斗杆

斗杆液压缸

动臂液压缸

铲斗液压缸

动臂

液压油箱

燃油箱

发动机

铲斗

驾驶室

张紧轮

履带

行走装置

配重

挖掘机构造图

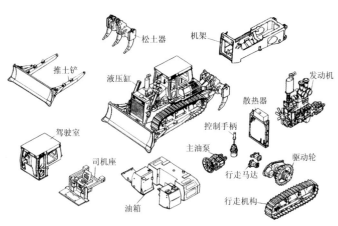

松土器

机架

推土铲

液压缸

发动机

散热器

控制手柄

主油泵

驾驶室

司机座

行走马达

驱动轮

油箱

行走机构

推土机构造图

第 2 章　挖掘车辆

土方工程是建筑工程施工的主要工程之一，包括一切土（石）方的挖梆、填筑、运输以及排水、降水等方面。而在土方工程中，以挖掘机为代表的挖掘车辆（机械）是数量最多、使用最广、作用最大的一种工程车辆。本章主要介绍挖掘车辆的主流车型，以在售车型为主，也有部分停产的经典车型。

斗山 DX200-9C 挖掘机

斗山 DX200-9C 是韩国斗山工程机械公司生产的履带式通用型反铲挖掘机。

斗山 DX200-9C 采用了英国珀金斯 4.4 升涡轮增压发动机，动力强劲、燃油效率高。该挖掘机配备斗山专门研发的主泵与主控阀，依托行业领先的液压调配技术，优化了主控阀和油路设计，实现了设备的

基本参数	
类型	中型挖掘机
发动机	4.4 升 102 千瓦 4 缸
长×宽×高（毫米）	9425×2800×2970
工作重量	19800 千克
铲斗容量	0.83 立方米
行驶速度	5.04 千米 / 时
回转速度	10.54 转 / 分钟
铲斗挖掘力	118.6 千牛
斗杆挖掘力	86.9 千牛

超强操控性。其整机作业速度快、协调性强，新操作员也可轻松驾驶。斗山 DX200-9C 标配豪华型机械悬浮式座椅，拥有宽敞驾驶空间和人性化布局，让挖掘工作更加舒适。

斗山 DX200-9C 的最大挖掘半径为 9.5 米，停机面最大挖掘半径为 9.33 米，最大挖掘深度为 6.21 米，最大挖掘高度为 9.42 米，最大卸载高度为 6.65 米，最大垂直挖掘深度为 3.47 米。该挖掘机的燃油箱容量为 400 升，液压油箱容量为 141 升。

斗山 DX360LC-9C 挖掘机

斗山 DX360LC-9C 是韩国斗山工程机械公司生产的履带式矿山型反铲挖掘机。

斗山 DX360LC-9C 应用范围广，稳定性好，动作流畅快速。该挖掘机搭载斯堪尼亚发动机和 KAYABA 主控阀，燃油效率和液压效率高，耐油品能力强，能耗损失小，动力输出持久强劲、稳定，同时配置智

基本参数	
类型	大型挖掘机
发动机	9.3 升 214 千瓦 5 缸
长×宽×高（毫米）	11319×3280×3570
工作重量	36000 千克
铲斗容量	1.71 立方米
行驶速度	4.93 千米 / 时
回转速度	8.2 转 / 分钟
铲斗挖掘力	241 千牛
斗杆挖掘力	177 千牛

能功率控制（SPC）单元，能自动调整发动机转速及主泵流量，输出最佳的动力，降低能耗。斗山 DX360LC-9C 配置大斗容铲斗和加长履带，具备稳定强大的装车作业能力。

斗山 DX360LC-9C 的最大挖掘半径为 11.05 米，停机面最大挖掘半径为 10.85 米，最大挖掘深度为 7.46 米，最大挖掘高度为 10.12 米，最大卸载高度为 7.25 米，最大垂直挖掘深度为 3.78 米。该挖掘机的燃油箱容量为 610 升，液压油箱容量为 420 升，冷却液箱容量为 45 升。

斗山 DX380LC-9C 挖掘机

斗山 DX380LC-9C 是韩国斗山工程机械公司生产的履带式矿山型反铲挖掘机。

斗山 DX380LC-9C 的液压系统，从主泵到控制阀全套采用高性能、高耐久部件。凭借着强大的动力输出和斗山独有的功率优化（EPOS）及智能功率控制（SPC）技术，确保斗山 DX380LC-9C 高效作业的同

基本参数	
类型	大型挖掘机
发动机	9.3升214千瓦5缸
长×宽×高(毫米)	11380×3350×3200
工作重量	37650千克
铲斗容量	1.9立方米
行驶速度	4.9千米/时
回转速度	8.2转/分钟
铲斗挖掘力	260千牛
斗杆挖掘力	204千牛

时降低油耗。斗山 DX380LC-9C 采用斯堪尼亚 DC9 电子控制直喷式发动机，带有多重过滤器及双重油水分离器，同时喷油嘴经特殊材料强化，对劣质油品适应能力大大提高。

斗山 DX380LC-9C 秉承"以驾驶员为中心"的设计理念，打造出低噪声、低振动的作业空间，并提供四季作业需求的空调系统，以及可以显示多项作业状态的多功能图形 LCD 仪表盘和集中配置的各种开关。

斗山 DX380LC-9C 挖掘机侧前方视角

作业中的斗山 DX380LC-9C 挖掘机

斗山 DX450LC-9C 挖掘机 ◀◀◀◀

斗山 DX450LC-9C 是韩国斗山工程机械公司生产的履带式矿山型反铲挖掘机。

斗山 DX450LC-9C 配置了原装破碎系统，经久耐用，装配"195破碎器"后堪称开山利器。配有标准的两齿矿山履带，抓地力较强。最佳长度的大小臂和原装的破碎管路，让斗山 DX450LC-9C 拥有卓越的连续破碎的作业能力，效率较高。斗山 DX450LC-9C 还具备出众的装车能力，配置 2.4 立方米大斗容铲斗，充分保证装车能力。

斗山 DX450LC-9C 的最大挖掘半径为 10.92 米，停机面最大挖掘半径为 10.7 米，最大挖掘深度为 7.12 米，最大挖掘高度为 10.48 米，最大卸载高度为 7.35 米，最大垂直挖掘深度为 3.53 米。该挖掘机的燃油箱容量为 612 升，液压油箱容量为 390 升，冷却液箱容量为 49 升。

基本参数	
类型	大型挖掘机
发动机	12.7 升 245 千瓦 6 缸
长×宽×高（毫米）	11870×3350×3590
工作重量	43000 千克
铲斗容量	2.4 立方米
行驶速度	5.1 千米 / 时
回转速度	8.6 转 / 分钟
铲斗挖掘力	249 千牛
斗杆挖掘力	225 千牛

斗山 DX1000LC-9C 挖掘机　◀◀◀◀

斗山 DX1000LC-9C 是韩国斗山工程机械公司生产的履带式矿山型反铲挖掘机。

斗山 DX1000LC-9C 采用加强型底盘设计，配备加大型支重轮、大尺寸护链板。大小臂采用重载型设计，能适应苛刻的作业环境，破碎作业高效。回转部位采用了交叉滚柱轴承，可承受更大的力量，使

基本参数	
类型	超大型挖掘机
发动机	18.1 升 470 千瓦 6 缸
长×宽×高(毫米)	13800×3732×5090
工作重量	97900 千克
铲斗容量	6.8 立方米
行驶速度	4.5 千米/时
回转速度	6.1 转/分钟
铲斗挖掘力	472 千牛
斗杆挖掘力	400 千牛

用寿命更长久。电控液压系统配置三个大排量电控主泵，控制精准灵敏、反应速度快，系统流量按需供应。标配 LED 工作大灯，大幅提高了夜间作业效率，确保了夜间作业安全。

斗山 DX1000LC-9C 的最大挖掘半径为 12.43 米，停机面最大挖掘半径为 12.11 米，最大挖掘深度为 7.26 米，最大挖掘高度为 12.43 米，最大卸载高度为 8.1 米，最大垂直挖掘深度为 2.97 米。该挖掘机的燃油箱容量为 1110 升，液压油箱容量为 880 升。

久保田 KX155-5 挖掘机

久保田 KX155-5 是日本久保田公司生产的履带式通用型反铲挖掘机。

久保田 KX155-5 搭载 V2403-M-DI-E3 发动机，与久保田独有的负载感应液压系统相匹配，保证了久保田 KX155-5 强劲的作业动力，可满足各种恶劣工况的作业要求。即使在寒冷的早晨也能轻易启动，并且具备低噪声水平和节能的燃油经济

基本参数	
类型	小型挖掘机
发动机	2.4 升 30 千瓦 4 缸
长×宽×高 (毫米)	5510×1960×2540
工作重量	5190 千克
铲斗容量	0.19 立方米
行驶速度	4.7 千米 / 时
回转速度	9.3 转 / 分钟
铲斗挖掘力	36.5 千牛
斗杆挖掘力	30 千牛

性。该挖掘机的负载感应液压系统不受负荷大小的影响，完全根据操纵杆的幅度分配所需液压油流量，因此完全可以按照操作员的意图轻松完成作业。同时，由于发动机的负荷小，避免了流量的无谓损失，能够实现各种微动操作和复合操作。久保田 KX155-5 采用无尾超小回转结构，当机体上部回转时其尾部仅超出履带 80 毫米，因此在狭窄地带都能自由作业。

久保田 KX155-5 的最大挖掘半径为 6 米，最大挖掘深度为 3.56 米，最大挖掘高度为 5.63 米，最大卸载高度为 4 米，最大垂直挖掘深度为 2.89 米。该挖掘机的燃油箱容量为 100 升。

久保田 KX155-5 挖掘机侧面视角

久保田 KX155-5 挖掘机侧前方视角

卡特彼勒 302 CR 挖掘机 ⫷⫷⫷⫷

卡特彼勒 302 CR 是美国卡特彼勒公司生产的履带式通用型反铲挖掘机。

卡特彼勒 302 CR 的密封增压驾驶室配备了空调、可调节腕托和悬浮座椅，有助于操作员全天候舒适工作。其控制装置易于使用，直观的新一代 LCD 监视器提供了易于阅读的机器信息。该挖掘机使用卡特

基本参数	
类型	微型挖掘机
发动机	1.1 升 14.3 千瓦 4 缸
长×宽×高（毫米）	3900×1400×2300
工作重量	2200 千克
铲斗容量	0.044 立方米
行驶速度	4.4 千米/时
回转速度	9.8 转/分钟
铲斗挖掘力	19.6 千牛
斗杆挖掘力	11.3 千牛

彼勒单手柄行走模式时，可以更容易地控制设备移动。操作员只需轻轻按一下按钮，即可从使用控制杆和脚踏板的传统行驶控制模式切换到手柄控制模式，全新控制模式让操作更加轻松。卡特彼勒 302 CR 的维修简单、便捷，日常检查时在地面上通过侧门轻松进行检修，独特的可前倾驾驶室让维修员在必要时能够进入额外的维修区域。

卡特彼勒 302 CR 的最大挖掘深度为 2.37 米，最大挖掘高度为 3.55 米，最大卸载高度为 2.56 米，最大垂直挖掘深度为 1.85 米。该挖掘机的燃油箱容量为 26 升，液压油箱容量为 18 升，冷却液箱容量为 3.9 升。

作业中的卡特彼勒 302 CR 挖掘机

卡特彼勒 302 CR 挖掘机尾部视角

卡特彼勒 303 CR 挖掘机

卡特彼勒 303 CR 是美国卡特彼勒公司生产的履带式通用型反铲挖掘机。

卡特彼勒 303 CR 配备可掀开式驾驶室 / 驾驶棚，维修保养直观便捷。此外，也可选配带有冷暖空调和悬浮座椅的密封增压驾驶室，有助于操作员全天候舒适工作。该挖掘机搭载的 C1.1 涡轮增压柴油发动机具

基本参数	
类型	微型挖掘机
发动机	1.1 升 17.6 千瓦 4 缸
长×宽×高（毫米）	4559×1550×2479
工作重量	3545 千克
铲斗容量	0.12 立方米
行驶速度	4.4 千米 / 时
回转速度	9 转 / 分钟
铲斗挖掘力	22 千牛
斗杆挖掘力	14 千牛

有出色的高海拔性能。紧凑的回转半径和 1550 毫米的底盘宽度，使卡特彼勒 303 CR 可以轻松进入狭窄区域。

卡特彼勒 303 CR 的最大挖掘半径为 3 米，最大挖掘深度为 2.95 米，最大挖掘高度为 4.65 米，最大卸载高度为 3.3 米，最大垂直挖掘深度为 2.07 米。该挖掘机的燃油箱容量为 45 升，液压油箱容量为 18 升，冷却液箱容量为 4 升。

卡特彼勒 307 挖掘机

卡特彼勒 307 是美国卡特彼勒公司生产的履带式通用型反铲挖掘机。

卡特彼勒 307 采用标准机尾和固定式侧置动臂设计，能够以低油耗实现高性能。耐用可靠的结构有助于用户在各种环境中兼顾高效率和低运营成本。该挖掘机搭载卡特彼勒 C2.4 涡轮增压柴油发动机，无须尾气处理装置即可满足我国非道

基本参数	
类型	小型挖掘机
发动机	2.4 升 36.5 千瓦 4 缸
长 × 宽 × 高 (毫米)	6076×2200×2540
工作重量	7435 千克
铲斗容量	0.33 立方米
行驶速度	4.9 千米 / 时
回转速度	10.8 转 / 分钟
铲斗挖掘力	53.2 千牛
斗杆挖掘力	36.3 千牛

路国四排放标准。100% 先导控制装置和负载感应液压系统在平稳的基础上提供强劲的性能。标准和强力双重模式供操作员一键式自主选择更低的油耗或更高的效率。

卡特彼勒 307 的最大挖掘半径为 6.3 米，停机面最大挖掘半径为 6.16 米，最大挖掘深度为 4.07 米，最大挖掘高度为 7.24 米，最大卸载高度为 5.2 米，最大垂直挖掘深度为 3.49 米。该挖掘机的燃油箱容量为 165 升，液压油箱容量为 51 升，冷却液箱容量为 10 升。

卡特彼勒 307.5 挖掘机

卡特彼勒 307.5 是美国卡特彼勒公司生产的履带式通用型反铲挖掘机。

卡特彼勒 307.5 整体尺寸较小但性能卓越，优秀的提升能力、回转能力、行驶能力和多功能性有助于操作员更高效地完成作业。该挖掘机搭载卡特彼勒 C2.4 涡轮增压柴油发动机，提供强劲的动力以及出色

基本参数	
类型	小型挖掘机
发动机	2.4 升 36.5 千瓦 4 缸
长×宽×高（毫米）	6130×2250×2574
工作重量	8113 千克
铲斗容量	0.33 立方米
行驶速度	5 千米 / 时
回转速度	10 转 / 分钟
铲斗挖掘力	37.8 千牛
斗杆挖掘力	54.6 千牛

的高海拔性能。卡特彼勒 307.5 取消了先导控制，并可一键切换正反手。该挖掘机使用单手柄行走模式，可以更容易地控制设备移动。复合动作速度可调，以精准应对不同的工况。液压油更换周期长达 6000 小时，维护成本较低。

卡特彼勒 307.5 的最大挖掘半径为 6.3 米，停机面最大挖掘半径为 6.14 米，最大挖掘深度为 4.05 米，最大挖掘高度为 7.4 米，最大卸载高度为 5.35 米，最大垂直挖掘深度为 3.54 米。该挖掘机的燃油箱容量为 145 升，液压油箱容量为 53 升，冷却液箱容量为 10 升。

卡特彼勒 307.5 挖掘机侧后方视角

车架旋转后的卡特彼勒 307.5 挖掘机

卡特彼勒 326 GC 挖掘机

卡特彼勒 326 GC 是美国卡特彼勒公司生产的履带式通用型反铲挖掘机。

卡特彼勒 326 GC 配备了 1.54 立方米的大铲斗，不仅拥有出色的效率，而且还提供了舒适的驾驶室、低油耗和更长的保养周期。该挖掘机搭载卡特彼勒 C4.4 双涡轮增压柴油发动机，动力强劲、瞬态响应好。尾气后处理装置可靠耐用。

基本参数	
类型	中型挖掘机
发动机	4.4 升 129 千瓦 4 缸
长 × 宽 × 高（毫米）	10060×3190×3000
工作重量	24500 千克
铲斗容量	1.54 立方米
行驶速度	5 千米 / 时
回转速度	9.9 转 / 分钟
铲斗挖掘力	166 千牛
斗杆挖掘力	121 千牛

卡特彼勒 326 GC 的停机面最大挖掘半径为 10.11 米，最大挖掘深度为 6.81 米，最大挖掘高度为 9.68 米，最大卸载高度为 6.62 米，最大垂直挖掘深度为 5.36 米。该挖掘机的燃油箱容量为 474 升，液压油箱容量为 147 升，冷却液箱容量为 25 升。

作业中的卡特彼勒 326 GC 挖掘机

卡特彼勒 326 GC 挖掘机侧前方视角

卡特彼勒 330 GC 挖掘机

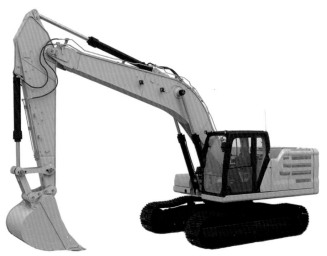

卡特彼勒 330 GC 是美国卡特彼勒公司生产的履带式矿山型反铲挖掘机。

卡特彼勒 330 GC 在可靠性、生产率以及降低成本方面实现了出色的平衡。该挖掘机搭载卡特彼勒 C7.1 涡轮增压柴油发动机，具有可靠的后处理系统，生命周期内无须维护，而且无须专门停机再生，增

基本参数	
类型	大型挖掘机
发动机	7 升 151 千瓦 6 缸
长×宽×高（毫米）	10420×3190×3050
工作重量	30400 千克
铲斗容量	1.6 立方米
行驶速度	4.8 千米 / 时
回转速度	11.5 转 / 分钟
铲斗挖掘力	179 千牛
斗杆挖掘力	126 千牛

加了运行时间。卡特彼勒 330 GC 还标配了重型加长履带，从而具有出色的稳定性。对于注重可靠性能及高性价比的作业而言，卡特彼勒 330 GC 是 30 吨级挖掘机中的佼佼者。

卡特彼勒 330 GC 的停机面最大挖掘半径为 10.69 米，最大挖掘深度为 7.26 米，最大挖掘高度为 9.98 米，最大卸载高度为 6.93 米，最大垂直挖掘深度为 6.03 米。该挖掘机的燃油箱容量为 474 升，液压油箱容量为 147 升，冷却液箱容量为 25 升。

作业中的卡特彼勒 330 GC 挖掘机

卡特彼勒 330 GC 挖掘机双机协作

卡特彼勒 355 挖掘机

卡特彼勒 355 是美国卡特彼勒公司生产的履带式矿山型反铲挖掘机。

卡特彼勒 355 专为攻坚克难而设计，擅长矿山碎石、高效装车，能出色地完成大型作业。其搭载的卡特彼勒 C13B 发动机具有成熟的后处理系统，无须停机再生，增加了工作时间。得益于创新的全电控

基本参数	
类型	超大型挖掘机
发动机	12.5 升 332 千瓦 6 缸
长×宽×高（毫米）	11660×3530×3230
工作重量	51400 千克
铲斗容量	3.21 立方米
行驶速度	4.5 千米 / 时
回转速度	8.3 转 / 分钟
铲斗挖掘力	293 千牛
斗杆挖掘力	240 千牛

液压系统，卡特彼勒 355 的使用成本并不高。该挖掘机可适配 210 毫米大破碎锤或 3.8 立方米岩石斗，并可选装更宽的可变轨距履带，以提高稳定性。

卡特彼勒 355 的停机面最大挖掘半径为 10.77 米，最大挖掘深度为 6.77 米，最大挖掘高度为 10.09 米，最大卸载高度为 6.58 米，最大垂直挖掘深度为 4.11 米。该挖掘机的燃油箱容量为 715 升，液压油箱容量为 217 升，冷却液箱容量为 52 升。

卡特彼勒 374 挖掘机

卡特彼勒 374 是美国卡特彼勒公司生产的履带式矿山型反铲挖掘机。

卡特彼勒 374 具有高效率、高耐用性、保养成本低等优点。其构件耐用性较强，可承担众多严苛的工作，相对较低的油耗能为用户节省更多资金。此外，该挖掘机搭载的卡特彼勒 C15 发动机带有可靠的尾气后处理装置，无须专门停机再生，从而使运行时间延长。

基本参数	
类型	超大型挖掘机
发动机	15.2 升 362 千瓦 6 缸
长 × 宽 × 高 (毫米)	12978×3400×3559
工作重量	74500 千克
铲斗容量	5 立方米
行驶速度	4.5 千米 / 时
回转速度	6.5 转 / 分钟
铲斗挖掘力	405 千牛
斗杆挖掘力	352 千牛

卡特彼勒 374 的停机面最大挖掘半径为 11.47 米，最大挖掘深度为 7.24 米，最大挖掘高度为 11 米，最大卸载高度为 7.05 米，最大垂直挖掘深度为 3.71 米。该挖掘机的燃油箱容量为 920 升，液压油箱容量为 326 升，冷却液箱容量为 71 升。

卡特彼勒 395 挖掘机

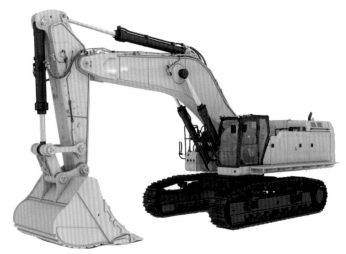

卡特彼勒 395 是美国卡特彼勒公司生产的履带式矿山型反铲挖掘机。

卡特彼勒 395 采用全新静音降噪密封的驾驶室，能有效减少尘土进入；拥有全方位视野，全新可调节宽型座椅，适合所有体型的操作员。该挖掘机配备无钥匙一键启动发动机功能、触摸显示器，操作简

基本参数	
类型	超大型挖掘机
发动机	18.1 升 405 千瓦 6 缸
长 × 宽 × 高（毫米）	13980×4450×3670
工作重量	94200 千克
铲斗容量	6.5 立方米
行驶速度	4.5 千米 / 时
回转速度	6.26 转 / 分钟
铲斗挖掘力	497 千牛
斗杆挖掘力	394 千牛

单便捷；智能功率模式可自动根据工况匹配最佳燃油效率。锯齿型阶梯、一体化防滑板以及扶手，避免操作员滑倒、绊倒；加上 360° 优质照明配置，提高操作员和他人的安全性。

卡特彼勒 395 的停机面最大挖掘半径为 12.26 米，最大挖掘深度为 7.19 米，最大挖掘高度为 12.37 米，最大卸载高度为 7.96 米，最大垂直挖掘深度为 4.58 米。该挖掘机的燃油箱容量为 1220 升，液压油箱容量为 372 升，冷却液箱容量为 71 升。

卡特彼勒 395 挖掘机正在装车

作业中的卡特彼勒 395 挖掘机

卡特彼勒 6090 FS 挖掘机 ◀◀◀◀

卡特彼勒 6090 FS 是美国卡特彼勒公司生产的履带式矿山型正铲挖掘机，是目前世界上工作重量最重的挖掘机之一。

卡特彼勒 6090 FS 是基于比塞洛斯 RH400 架构设计的，与比塞洛斯 RH400 相比，卡特彼勒 6090 FS 具有更耐用的组件、硬化的底盘系统、增强的油流系统和液压

基本参数	
类型	超大型挖掘机
发动机	60.2 升 1680 千瓦 16 缸
长×宽×高 (毫米)	13540×9720×9990
工作重量	980000 千克
铲斗容量	52 立方米
行驶速度	2.2 千米 / 时
回转速度	4.1 转 / 分钟
铲斗挖掘力	3300 千牛
斗杆挖掘力	2400 千牛

系统、更好的客户服务支持、夜班 LED 工作灯和创新的车载电子设备。它的工作重量达到了令人难以置信的 980 吨，配备了两台康明斯 QSK60 柴油发动机，总额定功率为 3360 千瓦。

卡特彼勒 6090 FS 的最大挖掘半径为 19 米，最大挖掘深度为 2.3 米，最大挖掘高度为 20.2 米，最大卸载高度为 14.5 米。其铲斗可以一次性挖出 93.4 吨的矿石或砂土，只需要 4 次，就能装满卡特彼勒公司生产的最大自卸卡车——卡特彼勒 797F 的车斗。该挖掘机的燃油箱容量为 15100 升，液压油箱容量为 10000 升。

作业中的卡特彼勒 6090 FS 挖掘机

卡特彼勒 6090 FS 挖掘机侧后方视角

卡特彼勒 M315D2 挖掘机 ◀◀◀◀

卡特彼勒 M315D2 是美国卡特彼勒公司生产的轮式通用型反铲挖掘机。

卡特彼勒 M315D2 发动机的自动控制装置确保了其节油性能，各种动臂、斗杆的组合则有助于机器持续作业，以应对不同类型的工作。可选的铲斗架和行驶控制装置有助于减缓前连杆运动，提高操作员驾

基本参数	
类型	小型挖掘机
发动机	4.4 升 101 千瓦 4 缸
长 × 宽 × 高 (毫米)	8310×2540×3940
工作重量	13500 千克
铲斗容量	0.76 立方米
行驶速度	37 千米 / 时
回转速度	10.5 转 / 分钟
铲斗挖掘力	93 千牛
斗杆挖掘力	73 千牛

驶的安全性和舒适性。依靠独特的变速箱设计和重型车轴，极大降低了动力传动系统的损坏风险。免维护的重型蓄电池和发动机冷起动能力，确保机器全年都能运行。卡特彼勒 M315D2 的作业噪声较小，使其非常适合限制噪声的区域。

卡特彼勒 M315D2 的最大挖掘半径为 8.67 米，停机面最大挖掘半径为 8.49 米，最大挖掘深度为 5.45 米，最大挖掘高度为 9.67 米，最大卸载高度为 6.9 米，最大垂直挖掘深度为 3.5 米。该挖掘机的燃油箱容量为 235升，液压油箱容量为 95 升，冷却液箱容量为 31 升。

作业中的卡特彼勒 M315D2 挖掘机

卡特彼勒 M315D2 挖掘机侧后方视角

卡特彼勒 M317D2 挖掘机

卡特彼勒 M317D2 是美国卡特彼勒公司生产的轮式通用型反铲挖掘机。

卡特彼勒 M317D2 的操作员保护结构以及可安装顶部和前部护罩的螺栓固定式驾驶室，可在发生侧翻的情况下帮助保障操作员的安全。选装的加热型座椅令人舒适无比，空气悬浮装置可自动调整以适

基本参数	
类型	中型挖掘机
发动机	4.4 升 101 千瓦 4 缸
长×宽×高（毫米）	8480×2540×3980
工作重量	17500 千克
铲斗容量	0.91 立方米
行驶速度	34 千米 / 时
回转速度	10.5 转 / 分钟
铲斗挖掘力	101 千牛
斗杆挖掘力	74 千牛

合操作员的体重。宽大的车窗玻璃和可在彩色监视器上显示图像的后置摄像头，让操作员对四周环境一览无余。控制装置简单且符合人体工程学设计，方便操作。可选的行驶控制装置有助于减缓前端部件运动。卡特彼勒 M317D2 搭载卡特彼勒 C4.4 发动机，借助发动机转速自动控制功能，可在机器未操作时自动降低发动机转速，以降低油耗。

卡特彼勒 M317D2 的最大挖掘半径为 9.36 米，停机面最大挖掘半径为 9.19 米，最大挖掘深度为 6.07 米，最大挖掘高度为 10.23 米，最大卸载高度为 7.14 米，最大垂直挖掘深度为 5.89 米。该挖掘机的燃油箱容量为 240 升，液压油箱容量为 135 升，冷却液箱容量为 33 升。

卡特彼勒 M317D2 挖掘机侧后方视角

卡特彼勒 M317D2 挖掘机正在装车

卡特彼勒 M320D2 挖掘机

卡特彼勒 M320D2 是美国卡特彼勒公司生产的轮式通用型反铲挖掘机。

卡特彼勒 M320D2 的驾驶室采用人体工程学设计，控件触手可及且易于操作。选装的空气悬浮座椅带有自动调节重量和加热座椅功能，提升了操作员驾驶的舒适性。大面积的玻璃窗户以及安装在后部

基本参数	
类型	中型挖掘机
发动机	7 升 124 千瓦 6 缸
长 × 宽 × 高 (毫米)	4925×3650×4000
工作重量	19800 千克
铲斗容量	1.18 立方米
行驶速度	37 千米 / 时
回转速度	9.2 转 / 分钟
铲斗挖掘力	122 千牛
斗杆挖掘力	91 千牛

的标准摄像头（其图像显示在全色彩监视器上）给操作员提供了全方位的视野，极大增强了操作员驾驶的安全性。卡特彼勒 M320D2 有多种动臂和斗杆可供选择，可在各种应用场合下实现伸展距离和挖掘力之间的出色平衡。专用的回转泵允许机器快速、平稳地执行组合移动，让操作员可在回转的同时操作机具。其发动机燃油系统可以应对世界各地的燃油质量，无论是在工作中还是在行驶中，都能实现较低的油耗。

卡特彼勒 M320D2 的最大挖掘半径为 9.45 米，停机面最大挖掘半径为 9.27 米，最大挖掘深度为 6.2 米，最大挖掘高度为 9.95 米，最大卸载高度为 6.97 米，最大垂直挖掘深度为 4.23 米。该挖掘机的燃油箱容量为 385 升，液压油箱容量为 170 升，冷却液箱容量为 36.5 升。

卡特彼勒 M320D2 挖掘机侧面视角

卡特彼勒 M320D2 挖掘机前方视角

凯斯 CX36B 挖掘机

凯斯 CX36B 是美国凯斯公司生产的履带式通用型反铲挖掘机。

凯斯 CX36B 具有无尾回转功能，可在障碍物、树丛和地基附近畅通无阻；中置式动臂回转功能可使操作员沿着与建筑物地基、围墙、树木或其他障碍物平行方向进行挖掘，或用于操作其他附件；踏板式回转动臂控制装置能够同时回转动

基本参数	
类型	微型挖掘机
发动机	1.3 升 22 千瓦 3 缸
长 × 宽 × 高 (毫米)	4820×1700×2010
工作重量	3850 千克
铲斗容量	0.18 立方米
行驶速度	4.5 千米 / 时
回转速度	8.4 转 / 分钟
铲斗挖掘力	27.8 千牛
斗杆挖掘力	22.4 千牛

臂和小臂，以快速地进行机器定位；标准配置的耐用橡胶履带接地压力低，减少了挖掘机对工作场所地面的破坏。在地面条件不佳时，可选用钢质履带以加强保护；液压控制推土板，既可提高机器的稳定性，又是回填作业的理想机具；整体外旋式检修侧门可从地面打开，便于对机器进行维修和保养，增加正常工作时间，并降低运行成本。

凯斯 CX36B 的最大挖掘半径为 5.35 米，停机面最大挖掘半径为 5.2 米，最大挖掘深度为 3.05 米，最大挖掘高度为 4.87 米，最大卸载高度为 3.49 米，最大垂直挖掘深度为 2.4 米。该挖掘机的燃油箱容量为 42 升，液压油箱容量为 20.4 升，冷却液箱容量为 3.6 升。

凯斯 CX58C 挖掘机

凯斯 CX58C 是美国凯斯公司生产的履带式通用型反铲挖掘机。

凯斯 CX58C 是凯斯公司深受好评的 CXB 系列小型挖掘机的延续，它除了保持广大用户喜爱的各项技术优势外，还对机器的各个部位都进行了改进和加强。该挖掘机搭载洋马 4TNV88-B 柴油发动机，配合较大的液压油流量和凯斯公司独有

基本参数	
类型	小型挖掘机
发动机	2.2 升 30 千瓦 4 缸
长 × 宽 × 高 (毫米)	5500×1960×2530
工作重量	5485 千克
铲斗容量	0.28 立方米
行驶速度	4.6 千米 / 时
回转速度	8.8 转 / 分钟
铲斗挖掘力	35.2 千牛
斗杆挖掘力	24.6 千牛

的精准操作系统（PCSTM），让操作更精确易行，从而提高工作效率。在园林绿化、隧道开挖、道路基建、市政抢修、小区建设等众多应用场景，凯斯 CX58C 都能游刃有余。

凯斯 CX58C 的最大挖掘半径为 6.24 米，停机面最大挖掘半径为 6.1 米，最大挖掘深度为 3.9 米，最大挖掘高度为 5.93 米，最大卸载高度为 4.35 米，最大垂直挖掘深度为 3.14 米。该挖掘机的燃油箱容量为 75 升，液压油箱容量为 28 升，冷却液箱容量为 6 升。

凯斯 CX75SR 挖掘机

凯斯 CX75SR 是美国凯斯公司生产的履带式通用型反铲挖掘机。

凯斯 CX75SR 搭载的五十铃 AU-4LE2X 涡轮增压柴油发动机满足 Tier 3 排放标准，不仅能够满足机器在极端工作情况下所需的强大动力，而且低碳环保。重载设计的车架及优质钢材的选择有效保障了机器的耐久性。驾驶室的设计充分体现了

基本参数	
类型	小型挖掘机
发动机	2.2 升 40 千瓦 4 缸
长×宽×高（毫米）	5915×2320×2700
工作重量	8010 千克
铲斗容量	0.4 立方米
行驶速度	5.1 千米/时
回转速度	9.5 转/分钟
铲斗挖掘力	60 千牛
斗杆挖掘力	41 千牛

安全高效的驾驶理念。紧凑的配重和动臂布局赋予凯斯 CX75SR 较高的产能和良好的可操控性，使其成为狭窄条件下的理想之选。凯斯 CX75SR 还可选配偏置动臂，以机体和动臂之间的连接作为支点，可将铲斗定位在偏离中心的位置，平行地进行挖掘，甚至可在机器自身履带边缘之外进行挖掘。

凯斯 CX75SR 的最大挖掘半径为 6.52 米，停机面最大挖掘半径为 6.39 米，最大挖掘深度为 4.14 米，最大挖掘高度为 7.33 米，最大卸载高度为 5.25 米，最大垂直挖掘深度为 3.64 米。该挖掘机的燃油箱容量为 100 升，液压油箱容量为 50 升，冷却液箱容量为 10.2 升。

凯斯 CX75SR 挖掘机侧前方视角

凯斯 CX75SR 挖掘机侧面视角

凯斯 CX490C 挖掘机

凯斯 CX490C 是美国凯斯公司生产的履带式通用型反铲挖掘机。

凯斯 CX490C 采用凯斯公司标志性的精准液压控制系统，操控精准流畅。在矿山作业中，更为精准的动作即代表了效率更高与油耗更低。凯斯 CX490C 的斗杆采用强化钢材加工，关键位置设计有加强筋板，在岩石挖掘、装卸等恶劣工况

基本参数	
类型	大型挖掘机
发动机	9.8 升 270 千瓦 6 缸
长×宽×高 (毫米)	12110×3350×3650
工作重量	48300 千克
铲斗容量	2.8 立方米
行驶速度	5.3 千米 / 时
回转速度	9 转 / 分钟
铲斗挖掘力	265.8 千牛
斗杆挖掘力	181 千牛

作业时能有效防止斗杆受损。行走总成加装了防护系统，支重轮与托链轮均采用长效密封设计。履带连接销采用了强负荷设计，以确保使用中不会出现扭转变形的情况。此外，凯斯 CX490C 标配全履带全幅重型护轨器。

凯斯 CX490C 的最大挖掘半径为 11.25 米，最大挖掘深度为 6.89 米，最大挖掘高度为 10.82 米，最大卸载高度为 7.4 米。该挖掘机的燃油箱容量为 650 升，液压油箱容量为 230 升。

作业中的凯斯 CX490C 挖掘机

凯斯 CX490C 挖掘机正在装车

凯斯 WX148 挖掘机

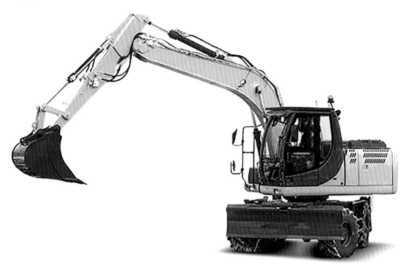

凯斯 WX148 是美国凯斯公司生产的轮式通用型反铲挖掘机。

凯斯 WX148 采用大容积全透明驾驶室，视野非常开阔，空气悬浮座椅和倾角式转向柱确保操作员在驾驶时保持舒适的操作姿势，从而缓解疲劳。完全独立的推土板、支腿以及可锁定的支撑垫为凯斯 WX148 提供了一个可靠的工作平

基本参数	
类型	中型挖掘机
发动机	4.5 升 90 千瓦 4 缸
长×宽×高（毫米）	8065×2550×3190
工作重量	16400 千克
铲斗容量	0.55 立方米
行驶速度	35 千米/时
回转速度	9 转/分钟
铲斗挖掘力	85 千牛
斗杆挖掘力	70 千牛

台。液压辅助型快换装置可实现多种不同附件的迅速更换，增强了机器的多功能性。为了最大限度地降低停机时间，凯斯 WX148 所有的服务位置和诊断接口都非常容易进入。机油排油口采用了生态型设计，在日常保养操作中减少了污染环境的风险。

凯斯 WX148 的最大挖掘深度为 5.8 米。其燃油箱容量为 190 升，液压油箱容量为 200 升，冷却液箱容量为 22 升。

凯斯 WX148 挖掘机侧前方视角

车架旋转后的凯斯 WX148 挖掘机

利勃海尔 R926 挖掘机

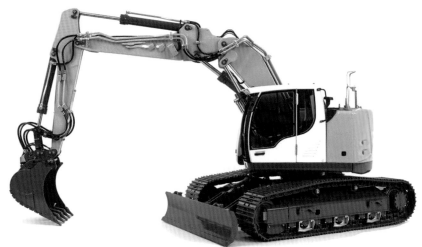

利勃海尔 R926 是德国利勃海尔公司生产的履带式通用型反铲挖掘机。

利勃海尔 R926 的重要模块和部件均由利勃海尔公司自行设计和生产，用以保证元件之间的匹配。根据最新的人体工程学技术设计的驾驶室具有良好的视野，能对整个工作区域进行观测。标准冷暖空调系统保证操作员工作环境的舒适性。利勃海尔 R926 易于维护，保养服务点易于接近，使得保养工作可以简单、迅速地完成。

基本参数	
类型	中型挖掘机
发动机	6.4 升 129 千瓦 4 缸
长×宽×高(毫米)	9950×2980×2405
工作重量	26950 千克
铲斗容量	1.4 立方米
行驶速度	6.1 千米 / 时
回转速度	11 转 / 分钟
铲斗挖掘力	185 千牛
斗杆挖掘力	134 千牛

利勃海尔 R926 的最大挖掘半径为 10.2 米，停机面最大挖掘半径为 9.6 米，最大挖掘深度为 6.35 米，最大挖掘高度为 9.65 米，最大卸载高度为 6.5 米，最大垂直挖掘深度为 3.8 米。该挖掘机的燃油箱容量为 380 升，液压油箱容量为 290 升。

作业中的利勃海尔 R926 挖掘机

利勃海尔 R926 挖掘机俯视视角

利勃海尔 R970 SME 挖掘机 ◀◀◀◀

利勃海尔 R970 SME 是德国利勃海尔公司生产的履带式矿山型反铲挖掘机。

利勃海尔 R970 SME 的底盘符合采矿、采石和一般工程机械的特殊要求，标准配备了双齿并且边缘倒角履带板，以确保即使在复杂的路况也可实现最佳的地面挖掘工作和牵引力。模制的双齿链轮使用

基本参数	
类型	超大型挖掘机
发动机	16 升 320 千瓦 8 缸
长 × 宽 × 高 (毫米)	12900×4100×3580
工作重量	78600 千克
铲斗容量	4.5 立方米
行驶速度	3.5 千米 / 时
回转速度	5.6 转 / 分钟
铲斗挖掘力	500 千牛
斗杆挖掘力	370 千牛

寿命更长。两侧支撑托链轮可增强可靠性和耐久性。利勃海尔 R970 SME 具有较大尺寸的斗杆和铲斗油缸以及为产生更高的破碎和挖掘力而专门设计的工作装置。

利勃海尔 R970 SME 的停机面最大挖掘半径为 11.65 米，最大挖掘深度为 7.2 米，最大挖掘高度为 11.65 米，最大卸载高度为 7.85 米。该挖掘机的燃油箱容量为 140 升，液压油箱容量为 435 升。

利勃海尔 R970 SME 挖掘机侧面视角

利勃海尔 R970 SME 挖掘机侧后方视角

利勃海尔 R980 SME 挖掘机 ◀◀◀◀

利勃海尔 R980 SME 是德国利勃海尔公司生产的履带式矿山型反铲挖掘机。

利勃海尔 R980 SME 的驾驶室具有卓越的隔音系统，标准款配备了带加热功能的气动座椅、全自动空调，可在操作员工作时保持舒适的操作环境。顶窗和挡风玻璃由安全玻璃制成。驾驶室的底座安装在

基本参数	
类型	超大型挖掘机
发动机	16 升 400 千瓦 8 缸
长×宽×高(毫米)	13450×4465×3965
工作重量	95500 千克
铲斗容量	6.8 立方米
行驶速度	3.7 千米/时
回转速度	5.9 转/分钟
铲斗挖掘力	508 千牛
斗杆挖掘力	394 千牛

弹性支座上。利勃海尔 R980 SME 的斗杆带有内部保护装置，可实现更长的使用寿命。此外，该挖掘机还为暴露部分最多的油缸提供了附加保护，以避免其与物料有任何直接接触。无论是用于重型采石场挖掘还是大容量挖掘，利勃海尔 R980 SME 均能实现较高的生产率和卓越性能。

利勃海尔 R980 SME 的停机面最大挖掘半径为 12.3 米，最大挖掘深度为 7.3 米，最大挖掘高度为 12.7 米，最大卸载高度为 8.6 米。该挖掘机的燃油箱容量为 498 升，液压油箱容量为 536 升。

利勃海尔 R980 SME 挖掘机俯视视角

利勃海尔 R980 SME 挖掘机正在装车

利勃海尔 R9350 挖掘机

利勃海尔 R9350 是德国利勃海尔公司生产的履带式矿山型正铲/反铲挖掘机。

利勃海尔 R9350 能够按照客户需求进行定制，既能够在西伯利亚等低至 −40℃ 的环境下正常运行，也能在空气稀薄的高海拔地区工作。利勃海尔公司还能为每种应用提供专门的铲斗定制式解决方案。

基本参数	
类型	超大型挖掘机
发动机	45 升 1120 千瓦 12 缸
长 × 宽 × 高 (毫米)	18450×7400×8700
工作重量	310000 千克
铲斗容量	20 立方米
行驶速度	2.5 千米 / 时
回转速度	3.9 转 / 分钟
铲斗挖掘力	1020 千牛
斗杆挖掘力	880 千牛

利勃海尔 R9350 具有柴油驱动和电力驱动两种动力驱动版本，可以根据矿山需要进行选择。其中电力驱动版本效率高、维护费用低，矿石开采每吨成本比使用传统电铲降低近一半，是未来替代同规格电铲的理想选择。利勃海尔 R9350 的电子液压先导控制系统使挖掘机操作更加简便、安全和准确，操作员可以在任何时间调用当前设备所有运行数据。利勃海尔 R9350 的发动机和液压泵的空间非常宽敞，使操作员可以站立工作，方便对传动部件进行维护。

利勃海尔 R9350 的停机面最大挖掘半径为 16.3 米，最大挖掘深度为 9.5 米，最大挖掘高度为 15.4 米，最大卸载高度为 10.2 米。该挖掘机的燃油箱容量为 5815 升，液压油箱容量为 2200 升。

作业中的利勃海尔 R9350 挖掘机

利勃海尔 R9350 挖掘机正在装车

利勃海尔 R9800 挖掘机

利勃海尔 R9800 是德国利勃海尔公司生产的履带式矿山型正铲 / 反铲挖掘机。

利勃海尔 R9800 可配置正铲或反铲，强悍的性能足以应付各种苛刻的矿山条件。其引以为豪的 45 立方米铲斗容量，加上快速的装卸循环以及巨大的破拆和穿透力，可提供高效的装载能力，是 220 吨、

基本参数	
类型	超大型挖掘机
发动机	60 升 1492 千瓦 16 缸
长×宽×高（毫米）	23907×8880×11063
工作重量	800000 千克
铲斗容量	45 立方米
行驶速度	2 千米 / 时
回转速度	3.6 转 / 分钟
铲斗挖掘力	1920 千牛
斗杆挖掘力	1760 千牛

290 吨和 360 吨矿用卡车的理想装载设备。为了保证利勃海尔 R9800 能输出足够的工作动力，其配有柴油驱动和电力驱动两种动力方案。选择柴油驱动方案时，配备两台康明斯 QSK60 柴油发动机，总额定功率为 2984 千瓦。

利勃海尔 R9800 的停机面最大挖掘半径为 20.1 米，最大挖掘深度为 9 米，最大挖掘高度为 16.2 米，最大卸载高度为 10.9 米。该挖掘机的燃油箱容量为 19690 升，液压油箱容量为 5800 升。

利勃海尔 R9800 挖掘机前方视角

作业中的利勃海尔 R9800 挖掘机

柳工 CLG9075E 挖掘机 ◀◀◀◀

柳工 CLG9075E 是中国广西柳工机械股份有限公司生产的履带式通用型反铲挖掘机。

柳工 CLG9075E 搭载洋马 4TNV98 柴油发动机，分重载（P）和经济（E）两种工作模式，操作员可根据工况的不同有针对性地选择，按需平衡燃油消耗和生产效率。该挖掘机采用并联散热器，极大提高了散热效率，且易于保养和维护。另外，该挖掘机采用一体式防尘网，可有效防止

基本参数	
类型	小型挖掘机
发动机	3.3 升 46 千瓦 4 缸
长×宽×高（毫米）	6100×2260×2700
工作重量	7500 千克
铲斗容量	0.32 立方米
行驶速度	4.8 千米／时
回转速度	11 转／分钟
铲斗挖掘力	56 千牛
斗杆挖掘力	38 千牛

粉尘、柳絮等异物堵塞散热器。柳工 CLG9075E 的驾驶室比较宽敞，书架、杯座、冷热藏箱、副驾驶位等人性化空间一应俱全。

柳工 CLG9075E 的最大挖掘半径为 6.27 米，停机面最大挖掘半径为 6.13 米，最大挖掘深度为 4.03 米，最大挖掘高度为 7.12 米，最大卸载高度为 5.08 米，最大垂直挖掘深度为 3.24 米。该挖掘机的燃油箱容量为 140 升，液压油箱容量为 80 升。

柳工 CLG922E 挖掘机

　　柳工 CLG922E 是中国广西柳工机械股份有限公司生产的履带式通用型反铲挖掘机。

　　柳工 CLG922E 搭载康明斯 QSB7 涡轮增压柴油发动机，采用高压共轨电喷技术，多次喷入燃油分阶段燃烧，提高燃油使用率。同时，该挖掘机具有自动怠速及两级降速功能，以降低噪声和油耗。另外，该

基本参数	
类型	中型挖掘机
发动机	6.7 升 125 千瓦 6 缸
长 × 宽 × 高 (毫米)	9570×2990×3140
工作重量	22000 千克
铲斗容量	1 立方米
行驶速度	5.3 千米 / 时
回转速度	10.5 转 / 分钟
铲斗挖掘力	152.5 千牛
斗杆挖掘力	105 千牛

挖掘机采用高密封增压驾驶室和新型减震器，防尘、降噪效果俱佳，可确保操作员在漫长的工作时间中保持较高的生产效率。柳工 CLG922E 分高速（P）、经济（E）、精细（F）、举升（L）、破碎（B）、属具（ATT）六种工作模式，充分利用发动机特征，根据工作模式自动匹配发动机转速和液压泵功率，实现高效节能。

　　柳工 CLG922E 的最大挖掘半径为 9.87 米，停机面最大挖掘半径为 9.69 米，最大挖掘深度为 6.56 米，最大挖掘高度为 9.95 米，最大卸载高度为 7.17 米，最大垂直挖掘深度为 5.08 米。该挖掘机的燃油箱容量为 420 升，液压油箱容量为 330 升。

柳工 CLG936E 挖掘机

柳工 CLG936E 是中国广西柳工机械股份有限公司生产的履带式矿山型反铲挖掘机。

柳工 CLG936E 搭载康明斯 QSL9 涡轮增压柴油发动机，采用了高压共轨电喷技术，且具有自动怠速及两级降速功能。该挖掘机采用川崎新型大流量工作泵，提高了运行速度，缩短了工作循环时间。同时，

基本参数	
类型	大型挖掘机
发动机	8.9 升 232 千瓦 6 缸
长 × 宽 × 高 (毫米)	11167×3190×3530
工作重量	36000 千克
铲斗容量	1.6 立方米
行驶速度	5.5 千米 / 时
回转速度	10 转 / 分钟
铲斗挖掘力	252 千牛
斗杆挖掘力	185 千牛

该挖掘机采用川崎新型主控阀，扩大了阀芯控制域，改善了微动性能，提高了整机操作的精准性。柳工 CLG936E 驾驶室的设计符合人体工程学，宽敞舒适、视野开阔。结构件采用大截面结构设计，动臂、斗杆支座采用整体铸钢件，降低应力并由机器人焊接完成，提高了结构件的强度和可靠性。

柳工 CLG936E 的最大挖掘半径为 11.1 米，停机面最大挖掘半径为 10.9 米，最大挖掘深度为 7.34 米，最大挖掘高度为 10.24 米，最大卸载高度为 7.16 米，最大垂直挖掘深度为 6.46 米。该挖掘机的燃油箱容量为 620 升，液压油箱容量为 450 升。

柳工 CLG936E 挖掘机正在装车

作业中的柳工 CLG936E 挖掘机

柳工 CLG950E 挖掘机 ≪≪≪≪

柳工 CLG950E 是中国广西柳工机械股份有限公司生产的履带式矿山型反铲挖掘机。

柳工 CLG950E 搭载康明斯 QSM11 涡轮增压柴油发动机，配备川崎、纳博特斯克等主流的挖掘机部件。针对重载型挖掘机岩石工况特点，该挖掘机采取工作装置关键部位板材加厚，刀板保护块、加强板加强

基本参数	
类型	大型挖掘机
发动机	10.8 升 299 千瓦 6 缸
长 × 宽 × 高（毫米）	11515×3340×3810
工作重量	46500 千克
铲斗容量	3.2 立方米
行驶速度	5.5 千米 / 时
回转速度	8.5 转 / 分钟
铲斗挖掘力	265 千牛
斗杆挖掘力	255 千牛

等措施，所有结构件都进行有限元分析计算，并通过严格、苛刻的可靠性试验，整机坚固、可靠、耐用。加强型履带及支重轮、防撞型回转平台、矿用性超强铲斗以及优良的大型散热系统完全适合在恶劣的矿山环境下作业。

柳工 CLG950E 的最大挖掘半径为 10.63 米，停机面最大挖掘半径为 10.39 米，最大挖掘深度为 6.52 米，最大挖掘高度为 9.98 米，最大卸载高度为 7.04 米，最大垂直挖掘深度为 5.2 米。该挖掘机的燃油箱容量为 650 升，液压油箱容量为 520 升，冷却液箱容量为 50 升。

柳工 CLG950E 挖掘机正在装车

柳工 CLG950E 挖掘机侧前方视角

柳工 CLG970E 挖掘机

柳工 CLG970E 是中国广西柳工机械股份有限公司生产的履带式矿山型反铲挖掘机。

柳工 CLG970E 搭载康明斯 QSX15 涡轮增压柴油发动机，油品适应性好、可靠性高。该挖掘机采用川崎大流量低噪工作泵，匹配柳工自主开发的 IPC 控制系统，具有 6 种工作模式（高速、经济、精细、举升、

基本参数	
类型	超大型挖掘机
发动机	15 升 373 千瓦 6 缸
长 × 宽 × 高（毫米）	12230×4260×4710
工作重量	70500 千克
铲斗容量	4.3 立方米
行驶速度	4.4 千米 / 时
回转速度	6.8 转 / 分钟
铲斗挖掘力	393 千牛
斗杆挖掘力	347 千牛

破碎和属具），12 个挡位，可从容应对各种工况。柳工 CLG970E 的铲斗采用低阻力月牙形设计，高强度耐磨加厚主刀板经过特殊热处理，同时配备 5 枚增强切入力、带凸筋的岩石型斗齿，使其在装车作业中阻力小，装 / 卸料快、装料满。该挖掘机的电控液压散热系统具有反转功能，便于清理散热器。

柳工 CLG970E 的最大挖掘半径为 11.45 米，停机面最大挖掘半径为 11.17 米，最大挖掘深度为 7.18 米，最大挖掘高度为 10.95 米，最大卸载高度为 7.03 米，最大垂直挖掘深度为 4.07 米。该挖掘机的燃油箱容量为 900 升，液压油箱容量为 680 升。

作业中的柳工 CLG970E 挖掘机

柳工 CLG970E 挖掘机正在装车

日立 ZX75-5A 挖掘机 ◀◀◀◀

日立 ZX75-5A 是日本日立建机公司生产的履带式通用型反铲挖掘机。

日立 ZX75-5A 搭载了同吨级中少有的全数字调速发动机，与机械式调速相比，其更能充分利用燃油。加上"同步控制"技术，可以防止发动机转速增加过快，以减少异常停机故障，节省燃油。离合器

基本参数	
类型	小型挖掘机
发动机	3 升 44 千瓦 4 缸
长×宽×高 (毫米)	6080×2320×2600
工作重量	7200 千克
铲斗容量	0.38 立方米
行驶速度	5 千米 / 时
回转速度	9 转 / 分钟
铲斗挖掘力	55 千牛
斗杆挖掘力	37 千牛

风扇可以根据风扇正面的空气温度自动控制风扇转速，有助于降低油耗和噪声。该挖掘机采用日立角支柱加强型（CRES）驾驶室，主体部分采用高刚性钢材，提高了驾驶室的整体强度，符合倾翻保护结构标准（TOPS）和滚翻保护结构标准（ROPS）。驾驶室空间宽大，采用大车窗设计，作业视野开阔。监控器、开关盘、推土板操作杆集中设置在操作员右侧，使用起来方便、高效。

日立 ZX75-5A 的最大挖掘半径为 6.32 米，停机面最大挖掘半径为 6.17 米，最大挖掘深度为 4.17 米，最大挖掘高度为 7.15 米，最大卸载高度为 5.06 米，最大垂直挖掘深度为 3.73 米。

日立 ZX170LC-5A 挖掘机 ◀◀◀◀

日立 ZX170LC-5A 是日本日立建机公司生产的履带式通用型反铲挖掘机。

日立 ZX170LC-5A 的 X 梁采用一体化焊接结构，提高了下车强度。上车采用"D"形平台，可有效抵抗外界的撞击。该挖掘机采用空挡发动机启动系统，如果不完全锁定锁杆，就无法启动发动机，可

基本参数	
类型	中型挖掘机
发动机	3 升 79 千瓦 4 缸
长 × 宽 × 高 (毫米)	8620×2500×3010
工作重量	16800 千克
铲斗容量	0.7 立方米
行驶速度	5.1 千米 / 时
回转速度	13.6 转 / 分钟
铲斗挖掘力	112 千牛
斗杆挖掘力	91 千牛

防止操作员上、下机器时误操作，避免危险发生。驾驶室空间比较宽敞，监控器开关、空调开关等集中设置于控制台右侧，操作员操作便利。日立 ZX170LC-5A 日常保养检查方便，燃油主滤、燃油预滤、先导滤清器、机油滤清器和电动燃油泵集中在泵室，燃油箱排水和更换滤清器等工作站在地面即可完成。

日立 ZX170LC-5A 的最大挖掘半径为 8.89 米，停机面最大挖掘半径为 8.73 米，最大挖掘深度为 6 米，最大挖掘高度为 8.9 米，最大卸载高度为 6.14 米，最大垂直挖掘深度为 5.13 米。该挖掘机的燃油箱容量为 320 升，液压油箱容量为 125 升，冷却液箱容量为 24 升。

日立 ZX200-5A 挖掘机

日立 ZX200-5A 是日本日立建机公司生产的履带式矿山型反铲挖掘机。

日立 ZX200-5A 的铲斗底部及侧面补强板采用高性能耐磨板材，大幅提高了铲斗的耐久性。X 梁采用一体化焊接结构，提高了下车强度和稳定性。上车平台采用"D"形断面机架，可有效抵抗外界的撞击。驾驶室采用中央支柱加强结构，悬浮座椅出色的减震效果有助于减轻操作人员的疲劳感。多功能监控器不仅可以确认机器运行状态，而且支持附件更换系统。

基本参数	
类型	中型挖掘机
发动机	5.2 升 113 千瓦 4 缸
长 × 宽 × 高 (毫米)	9660×2860×3010
工作重量	20200 千克
铲斗容量	0.91 立方米
行驶速度	5.5 千米 / 时
回转速度	13.5 转 / 分钟
铲斗挖掘力	158 千牛
斗杆挖掘力	114 千牛

日立 ZX200-5A 的最大挖掘半径为 9.92 米，停机面最大挖掘半径为 9.75 米，最大挖掘深度为 6.67 米，最大挖掘高度为 10.04 米，最大卸载高度为 7.18 米，最大垂直挖掘深度为 5.99 米。该挖掘机的燃油箱容量为 400 升，液压油箱容量为 135 升，冷却液箱容量为 31 升。由于采用了膨胀水箱，冷却回路完全密闭，日立 ZX200-5A 无须频繁加注冷却液。

日立 ZX360H-5A 挖掘机

日立 ZX360H-5A 是日本日立建机公司生产的履带式矿山型反铲挖掘机。

日立 ZX360H-5A 搭载五十铃 GH-6HK1XKSA-01 涡轮增压柴油发动机，结合冷废气循环系统、日立 HIOS Ⅲ 液压系统，有效提高了燃油效率，提升了工作性能。日立 HIOS Ⅲ 液压系统在原有液压系统的基础

基本参数	
类型	大型挖掘机
发动机	7.8 升 190 千瓦 6 缸
长 × 宽 × 高（毫米）	11220×3190×3270
工作重量	34300 千克
铲斗容量	1.8 立方米
行驶速度	5 千米 / 时
回转速度	10.7 转 / 分钟
铲斗挖掘力	246 千牛
斗杆挖掘力	185 千牛

上开发了"挖掘增速系统"和"动臂再生系统"，高效精确的液压控制提高了作业速度，实现了快速顺畅的复合操作。该挖掘机的铲斗挖掘力和斗杆挖掘力较大，如果使用动力加力装置，那么，挖掘力会瞬间提高 10%，操作员在作业中能明显感觉到挖掘力的提升，尤其适合对坚硬地基的挖掘作业。

日立 ZX360H-5A 的最大挖掘半径为 11.1 米，停机面最大挖掘半径为 10.89 米，最大挖掘深度为 7.38 米，最大挖掘高度为 10.36 米，最大卸载高度为 7.24 米，最大垂直挖掘深度为 6.42 米。该挖掘机的燃油箱容量为 630 升，液压油箱容量为 180 升，冷却液箱容量为 35 升。

日立 ZX360H-5A Pro 挖掘机

日立 ZX360H-5A Pro 是日本日立建机公司生产的履带式矿山型反铲挖掘机。

日立ZX360H-5A Pro是日立ZX360H-5A 的升级机型，在装车速度、作业量、燃油效率、耐用性等方面均有所提升。该挖掘机采用日立 HIOS Ⅲ 液压系统，高效精确的液压控制，出色的复合协调性，人机一的操控性，特别融入的"挖掘增速系统"和"动臂再生系统"技术，大幅提升了前端装置的作业速度，在卡车装载作业中尤为突出。在驾驶体验上，空间开阔的大型加压驾驶室、减震出色的悬浮座椅、可实时确认机器状态的多功能监控系统等人性化配置，可有效提升驾乘舒适感，以缓解长久作业带来的疲劳。

日立 ZX360H-5A Pro 的最大挖掘半径为 10.57 米，停机面最大挖掘半径为 10.36 米，最大挖掘深度为 6.84 米，最大挖掘高度为 9.99 米，最大卸载高度为 6.94 米，最大垂直挖掘深度为 5.51 米。该挖掘机的燃油箱容量为 630 升，液压油箱容量为 297 升。

基本参数	
类型	大型挖掘机
发动机	7.8 升 200 千瓦 6 缸
长 × 宽 × 高 (毫米)	11350×3190×3470
工作重量	34200 千克
铲斗容量	2 立方米
行驶速度	5 千米 / 时
回转速度	10.7 转 / 分钟
铲斗挖掘力	246 千牛
斗杆挖掘力	222 千牛

日立 ZX890LCH-5A 挖掘机 ◀◀◀◀

日立 ZX890LCH-5A 是日本日立建机公司生产的履带式矿山型反铲挖掘机。

日立 ZX890LCH-5A 采用五十铃 GH-6WG1XKSA-01 高压共轨发动机，匹配日立 HIOS Ⅲ B 液压系统，提高了燃油效率，提升了工作性能。该挖掘机的驾驶室为操作员提供了可靠的防护，在遇到落石危险

基本参数	
类型	超大型挖掘机
发动机	15.7 升 377 千瓦 6 缸
长 × 宽 × 高 (毫米)	13550×4450×5200
工作重量	85000 千克
铲斗容量	5 立方米
行驶速度	4.7 千米 / 时
回转速度	7.8 转 / 分钟
铲斗挖掘力	472 千牛
斗杆挖掘力	394 千牛

时能有效保障操作员安全，同时标配前窗下部防护网，全方位提升安全等级。在面对复杂的周边环境时，全景视窗可呈现开阔的视野，后方摄像头的加入则能够在监视器中呈现更多外界信息，进一步降低危险发生的概率。

日立 ZX890LCH-5A 的最大挖掘半径为 12.34 米，停机面最大挖掘半径为 12.02 米，最大挖掘深度为 7.14 米，最大挖掘高度为 12.01 米，最大卸载高度为 8.13 米，最大垂直挖掘深度为 4.1 米。该挖掘机的燃油箱容量为 1110 升，液压油箱容量为 500 升，冷却液箱容量为 123 升。

三一 SY75C 挖掘机

三一 SY75C 是中国三一集团生产的履带式通用型反铲挖掘机。

三一 SY75C 主要适用于市政施工、城市改造、房屋建造、农田、水利等小型土石方工程。该挖掘机采用加强一体式焊接"X"形下车架，与"H"形相比，其安全性和可靠性更具优势，其使用寿命大幅延长。驾驶室内部经过精心设计，7 英寸智能显示屏集成蓝牙、收音机等功能，水杯位置设在右操纵杆前方，一键启机和油门旋钮合二为一，同时标配水杯座、12V 电源口、USB 接口、汽车级空调出风口等人性化配置。三一 SY75C 搭载五十铃 4JG3X 发动机、负载敏感液压系统，作业效率更高，操控性能更好。

三一 SY75C 的最大挖掘半径为 6.24 米，最大挖掘深度为 4.07 米，最大挖掘高度为 7.02 米，最大卸载高度为 5.11 米，最大垂直挖掘深度为 3.34 米。该挖掘机的燃油箱容量为 150 升，液压油箱容量为 120 升，冷却液箱容量为 6.5 升。

基本参数	
类型	小型挖掘机
发动机	3 升 55 千瓦 4 缸
长 × 宽 × 高（毫米）	6120×2220×2675
工作重量	7350 千克
铲斗容量	0.3 立方米
行驶速度	4.4 千米 / 时
回转速度	11.5 转 / 分钟
铲斗挖掘力	56 千牛
斗杆挖掘力	38 千牛

三一 SY75C 挖掘机侧前方视角

三一 SY75C 挖掘机侧面视角

三一SY135C挖掘机

三一SY135C是中国三一集团生产的履带式通用型反铲挖掘机。

三一SY135C主要适用于城镇建设、道路修缮、土方、石方、矿山等工程作业，可满足不同作业需求。该挖掘机搭载五十铃4JJ1涡轮增压柴油发动机，配备大排量主泵、高性能主阀和大通量主阀芯，流通能力更大、压损更小，有效提升了整机操控性和燃油经济性。三一SY135C的驾驶室内配有10英寸智

基本参数	
类型	中型挖掘机
发动机	3升86千瓦4缸
长×宽×高(毫米)	7890×2490×2890
工作重量	13500千克
铲斗容量	0.6立方米
行驶速度	5.5千米/时
回转速度	12转/分钟
铲斗挖掘力	103千牛
斗杆挖掘力	67千牛

能显示屏，集成蓝牙通话、影音娱乐等功能。此外，该挖掘机还配备有水杯座、手机平台、天窗遮阳板、12V电源口等。

三一SY135C的最大挖掘半径为8.35米，最大挖掘深度为5.5米，最大挖掘高度为8.8米，最大卸载高度为6.6米，最大垂直挖掘深度为5.1米。该挖掘机的燃油箱容量为280升，液压油箱容量为200升，冷却液箱容量为30升。

三一 SY135C 挖掘机侧前方视角

三一 SY135C 挖掘机侧面视角

三一 SY245H 挖掘机

三一 SY245H 是中国三一集团生产的履带式通用型反铲挖掘机。

三一 SY245H 主要适用于土石方挖掘装车作业、建筑物和厂房地基开挖、城镇改造、农田、水利、矿山修坡、修整道路等工程。其整体轮廓硬朗简洁，根据矿山特有工况，关键部位采用高强度耐磨钢材。

基本参数	
类型	中型挖掘机
发动机	5.7 升 150 千瓦 6 缸
长 × 宽 × 高 (毫米)	10290×3190×3255
工作重量	25500 千克
铲斗容量	1.4 立方米
行驶速度	5.8 千米 / 时
回转速度	10 转 / 分钟
铲斗挖掘力	175 千牛
斗杆挖掘力	120 千牛

三一 SY245H 采用道依茨 TCD5.7 电喷高压共轨发动机和先进的川崎正流量电控液压系统，通过合理的流量分配及准确的功率匹配控制，实现其大挖掘力和低油耗的优势。该挖掘机标配土方铲斗，也可选配岩石铲斗。

三一 SY245H 的最大挖掘半径为 10.23 米，最大挖掘深度为 6.71 米，最大挖掘高度为 9.75 米，最大卸载高度为 6.72 米。该挖掘机的燃油箱容量为 475 升，液压油箱容量为 277 升。

三一 SY245H 挖掘机侧前方视角

车架旋转后的三一 SY245H 挖掘机

三一 SY305H 挖掘机

三一 SY305H 是中国三一集团生产的履带式矿山型反铲挖掘机。

三一 SY305H 专为中小型矿山重载工况设计，其动力强劲、装车效率高，曾获得中国工程机械"TOP50 技术创新金奖"。该挖掘机搭载五十铃 6HK1 柴油发动机，匹配可变截面涡轮增压器，响应时间较短，可降低油耗。同时，该挖

基本参数	
类型	大型挖掘机
发动机	7.8 升 210 千瓦 6 缸
长 × 宽 × 高（毫米）	10700×3190×3470
工作重量	31500 千克
铲斗容量	1.8 立方米
行驶速度	5.7 千米 / 时
回转速度	9 转 / 分钟
铲斗挖掘力	204 千牛
斗杆挖掘力	153 千牛

掘机采用直接功率控制技术，根据负载进行动态调整，使所有常用工作挡位全部移至经济区，功率的匹配做到"所得即所需"，减少了浪费，实现了节能。夜间停机灯具延时熄灭、正反手显示屏一键切换、后置摄像头等配置，可有效保障驾驶安全。

三一 SY305H 的最大挖掘半径为 10.87 米，最大挖掘深度为 6.82 米，最大挖掘高度为 10.5 米，最大卸载高度为 7.36 米，最大垂直挖掘深度为6.33 米。该挖掘机的燃油箱容量为 540 升，液压油箱容量为 415 升，冷却液箱容量为 50 升。

三一 SY335BH 挖掘机

三一 SY335BH 是中国三一集团生产的履带式矿山型反铲挖掘机。

三一 SY335BH 主要适用于土石方及中小型矿山等重载工况，其搭载五十铃 6HK1 涡轮增压柴油发动机，配备 2.9 米短斗杆和 2 立方米大铲斗，这种"短臂大斗"的组合可以瞬间提升挖掘力。该挖掘机的发动机罩和工具箱盖使用气弹簧

基本参数	
类型	大型挖掘机
发动机	7.8 升 210 千瓦 6 缸
长 × 宽 × 高 (毫米)	10700×3190×3470
工作重量	32500 千克
铲斗容量	2 立方米
行驶速度	6 千米 / 时
回转速度	9.5 转 / 分钟
铲斗挖掘力	193 千牛
斗杆挖掘力	172 千牛

助力，开启过程更省力。驾驶室配备舒适减震座椅，内饰品质堪比家用汽车，并拥有 10 英寸智能显示屏、窄扶手箱、极简前控箱、水杯座、24V 取电口、USB 接口等配置。

三一 SY335BH 的最大挖掘半径为 10.44 米，最大挖掘深度为 6.57 米，最大挖掘高度为 10.25 米，最大卸载高度为 7.21 米。该挖掘机的燃油箱容量为 540 升，液压油箱容量为 415 升，冷却液箱容量为 50 升。

三一 SY415H 挖掘机

三一 SY415H 是中国三一集团生产的履带式矿山型反铲挖掘机。

三一 SY415H 搭载康明斯 QSL9 涡轮增压柴油发动机，高原适应性强，发动机储备功率达 20% 以上，且海拔 3000 米无衰减。该挖掘机配备了川崎泵阀系统，主泵排量为 180 毫升，采用大通径主阀，流通能力大，压损降低，能效提升，整

基本参数	
类型	大型挖掘机
发动机	9.7 升 272 千瓦 6 缸
长 × 宽 × 高（毫米）	11700×3360×3825
工作重量	41500 千克
铲斗容量	2.2 立方米
行驶速度	5.5 千米 / 时
回转速度	9.7 转 / 分钟
铲斗挖掘力	248 千牛
斗杆挖掘力	224 千牛

体动作更快。三一 SY415H 标配 2.2 立方米铲斗，适合矿山恶劣的工作环境。此外，该挖掘机还可选配 4 种系列化铲斗，满足"一况一斗"，有效提高了施工效率。

三一 SY415H 的最大挖掘半径为 10.95 米，最大挖掘深度为 7.12 米，最大挖掘高度为 10 米，最大卸载高度为 6.93 米。该挖掘机的燃油箱容量为 620 升，液压油箱容量为 380 升，冷却液箱容量为 32 升。

三一 SY415H Pro 挖掘机

三一 SY415H Pro 是中国三一集团生产的履带式矿山型反铲挖掘机。

三一 SY415H Pro 搭载五十铃 6UZ1 涡轮增压柴油发动机，其排量、扭矩较大，动力强劲。该挖掘机配备川崎主泵，以低转速、大排量实现大流量，结合正流量控制技术，实现所需即所给，减少能量损失，响应速度更快。大通径主阀为

基本参数	
类型	大型挖掘机
发动机	9.8 升 257 千瓦 6 缸
长×宽×高 (毫米)	11700×3360×3740
工作重量	41500 千克
铲斗容量	2.2 立方米
行驶速度	5.3 千米 / 时
回转速度	8.3 转 / 分钟
铲斗挖掘力	247 千牛
斗杆挖掘力	218 千牛

三一定制，根据用户需求开发，具有可靠性高、压损小，流量分配效率高、复合动作流畅等特点。三一 SY415H Pro 配备三一自主研发、四维一体的施工管理系统，增大保养件更换操作空间及针对矿山恶劣的工况设计的便捷保养设计，使设备管理更轻松、更简单。

三一 SY415H Pro 的最大挖掘半径为 10.92 米，最大挖掘深度为 7.05 米，最大挖掘高度为 9.98 米，最大卸载高度为 6.96 米，最大垂直挖掘深度为 4.71 米。该挖掘机的燃油箱容量为 690 升，液压油箱容量为 380 升。

三一 SY485H 挖掘机

三一 SY485H 是中国三一集团生产的履带式矿山型反铲挖掘机。

三一 SY485H 通过结构件优化设计，应力测试，焊缝及板材研究、耐久试验、关键部位 100% UT 探伤及两轴疲劳测试等国际最先进的方法，全面延长关键结构件的使用寿命。针对用户的个性化需求，该挖掘机可以提供 20 余种工作装置搭配以及各种变形产品，提高用户的盈利能力。同时，其配备多级过滤系统为发动机提供顶级保护，独立油散系统让设备始终工作在最佳温度。三一 SY485H 的保养件更换操作简单，维修保养非常便捷。

三一 SY485H 的最大挖掘半径为 11.86 米，最大挖掘深度为 7.49 米，最大挖掘高度为 10.95 米，最大卸载高度为 7.45 米，最大垂直挖掘深度为 5.66 米。该挖掘机的燃油箱容量为 680 升，液压油箱容量为 480 升。

基本参数	
类型	大型挖掘机
发动机	15.7 升 300 千瓦 6 缸
长×宽×高（毫米）	12095×3360×3790
工作重量	49500 千克
铲斗容量	3.1 立方米
行驶速度	5.4 千米 / 时
回转速度	8 转 / 分钟
铲斗挖掘力	287 千牛
斗杆挖掘力	245 千牛

三一 SY485H Pro 挖掘机 ◀◀◀◀

　　三一 SY485H Pro 是中国三一集团生产的履带式矿山型反铲挖掘机。

　　三一 SY485H Pro 搭载五十铃 6WG1 发动机，在有效工作区间内，动力扭矩储备足且输出平稳，动作响应快。液压主泵采用川崎 K5V212 正流量泵，产品性能成熟、稳定、可靠。主阀采用川崎 KMX32NA 液控多路阀，优化阀芯结构，优化再生通道，降低压力损失，实现系统节能、高效。该挖掘机配备了三一独有的 SUS316 超耐磨、超耐腐蚀材质废气循环阀，提高了油品适应性，实现了节能环保、低油耗的效果。

　　三一 SY485H Pro 的最大挖掘半径为 11.86 米，最大挖掘深度为 7.49 米，最大挖掘高度为 10.95 米，最大卸载高度为 7.45 米。该挖掘机的燃油箱容量为 680 升，液压油箱容量为 480 升。

基本参数	
类型	大型挖掘机
发动机	15.7 升 300 千瓦 6 缸
长 × 宽 × 高 (毫米)	12095×3360×3790
工作重量	49500 千克
铲斗容量	3.5 立方米
行驶速度	5.4 千米 / 时
回转速度	8 转 / 分钟
铲斗挖掘力	287 千牛
斗杆挖掘力	245 千牛

三一 SY550H 挖掘机

三一 SY550H 是中国三一集团生产的履带式矿山型反铲挖掘机。

三一 SY550H 采用自寻优控制技术（AOCT），根据不同的作业工况，实现了各挡位、模式都工作在发动机最佳油耗区、主泵高容积效率区，实现发动机与主泵的最佳匹配，从而达到高效率、低油耗的目的。该挖掘机岩石铲斗容量为 3.5

基本参数	
类型	超大型挖掘机
发动机	15.7 升 310 千瓦 6 缸
长×宽×高(毫米)	12361×3562×4025
工作重量	54000 千克
铲斗容量	3.5 立方米
行驶速度	5.3 千米 / 时
回转速度	8 转 / 分钟
铲斗挖掘力	280 千牛
斗杆挖掘力	245 千牛

立方米，也可选配铲斗容量为 3.8 立方米的重载岩石铲斗以及土方铲斗、轻质土方铲斗，以提高施工效率，从而应对多种工况。三一 SY550H 的驾驶室配备了 10 英寸智能显示屏，集成空调、收音机、蓝牙、GPS 等功能，标配一键启动，支持故障检测与报警，智能调试与诊断，驾驶室更加舒适、智能。

三一 SY550H 的最大挖掘半径为 11.48 米，最大挖掘深度为 7.14 米，最大挖掘高度为 10.74 米，最大卸载高度为 7.4 米。该挖掘机的燃油箱容量为 750 升，液压油箱容量为 400 升，冷却液箱容量为 60 升。

三一 SY650H 挖掘机 《《《《

三一 SY650H 是中国三一集团生产的履带式矿山型反铲挖掘机。

三一 SY650H 专为矿山重载工况设计，搭载五十铃 6WG1 发动机，功率为 310 千瓦，在有效工作区间内，扭矩储备足且输出平稳，油耗大大降低，可靠性更高。该挖掘机配备川崎全电控主阀和主泵，主泵排量为 240 毫升，采用大通径主阀芯，系统压损降低，效率更高、油耗更低。三一 SY650H 还优化了驾驶室的密封结构，泄漏量和室内温度显著改善，有效地解决了在恶劣的工况下驾驶室落灰的痛点，舒适性显著提升。此外，还加宽了前窗，整车玻璃面积较大，视野非常开阔。

基本参数	
类型	超大型挖掘机
发动机	15.7 升 310 千瓦 6 缸
长 × 宽 × 高 (毫米)	12760×3500×4530
工作重量	65000 千克
铲斗容量	3.8 立方米
行驶速度	4.6 千米 / 时
回转速度	7.3 转 / 分钟
铲斗挖掘力	345 千牛
斗杆挖掘力	293 千牛

三一 SY650H 的最大挖掘半径为 11.8 米，最大挖掘深度为 7.14 米，最大挖掘高度为 11.35 米，最大卸载高度为 7.77 米，最大垂直挖掘深度为 4.7 米。该挖掘机的燃油箱容量为 827 升，液压油箱容量为 640 升，冷却液箱容量为 70 升。

三一 SY870H Pro 挖掘机 ◀◀◀◀

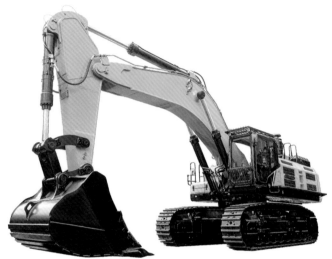

三一 SY870H Pro 是中国三一集团生产的履带式矿山型反铲挖掘机。

三一 SY870H Pro 主要针对铁矿、各种岩石矿等重载工况，同时兼顾土方、松土破碎等工况，以强大的重载作业能力及高可靠性为目标，同时通过精细的控制匹配技术，使得作业能耗达到最优化。该挖掘机搭载五十铃 6WG1X 涡轮增

基本参数	
类型	超大型挖掘机
发动机	15.7 升 377 千瓦 6 缸
长×宽×高(毫米)	13002×4320×4742
工作重量	78600 千克
铲斗容量	6.5 立方米
行驶速度	4.5 千米 / 时
回转速度	7.7 转 / 分钟
铲斗挖掘力	469 千牛
斗杆挖掘力	402 千牛

压柴油发动机，满足矿山作业高负载需求，经济油耗区较大。主泵为川崎 K3V280，采用电控正流量控制，最大限度地利用流量，实现了所需即所给，与负流量系统相比，降低了中位回流的损失，同时响应速度更快。

三一 SY870H Pro 的最大挖掘半径为 11.7 米，最大挖掘深度为 7.25 米，最大挖掘高度为 11.91 米，最大卸载高度为 7.05 米。该挖掘机的燃油箱容量为 970 升，冷却液箱容量为 70 升。

神钢 SK210LC-10 Super X 挖掘机 ◀◀◀◀

　　神钢 SK210LC-10 Super X 是日本神钢建机公司生产的履带式通用型反铲挖掘机。

　　神钢 SK210LC-10 Super X 增加了板材的厚度，轴座采用带耳的一体化结构设计，从而分散最大应力，进一步提高机器耐久性，以应对长时间、高强度作业。该挖掘机搭载日野 J05ETA-EDDJ 涡轮增压柴油

基本参数	
类型	中型挖掘机
发动机	5.1 升 118 千瓦 4 缸
长×宽×高（毫米）	9600×2990×3010
工作重量	21200 千克
铲斗容量	1.1 立方米
行驶速度	6 千米 / 时
回转速度	13.3 转 / 分钟
铲斗挖掘力	143 千牛
斗杆挖掘力	102 千牛

发动机，通过协调控制的燃料多段喷射，加大燃烧功率，提升挖掘力量的同时，保持较低的油耗。再通过利用大臂重力推出小臂的"小臂合流系统"，以及减少阻力的液压回路，让油耗进一步降低。

　　神钢 SK210LC-10 Super X 的最大挖掘半径为 9.9 米，停机面最大挖掘半径为 9.73 米，最大挖掘深度为 6.7 米，最大挖掘高度为 9.725 米，最大卸载高度为 6.91 米，最大垂直挖掘深度为 6.16 米。该挖掘机的燃油箱容量为 320 升，液压油箱容量为 244 升。

神钢 SK350LC-10 Super X 挖掘机 <<<<

神钢 SK350LC-10 Super X 是日本神钢建机公司生产的履带式矿山型反铲挖掘机。

神钢 SK350LC-10 Super X 大幅强化了底盘关键部件，提高了稳定性及耐用性。其履带链节被加宽加高，并增大了硬化面积。履带板的板厚和抓地齿都做了加厚处理，使其在各种工况地面都能够拥有强劲

基本参数	
类型	大型挖掘机
发动机	7.7 升 209 千瓦 6 缸
长×宽×高 (毫米)	11300×3190×3430
工作重量	36400 千克
铲斗容量	1.6 立方米
行驶速度	5.6 千米 / 时
回转速度	10 转 / 分钟
铲斗挖掘力	229 千牛
斗杆挖掘力	165 千牛

稳定的行走力。驱动链轮加大了链轮齿的厚度及弧度，增强了硬度，扩大了与衬套的接触面积，以减轻磨损。底盘两侧各设有 3 处履带校正器，可减少异常磨损，保障链轨的长期使用。神钢 SK350LC-10 Super X 采用小臂合流技术，在提高挖掘力的同时，实现了低油耗。

神钢 SK350LC-10 Super X 的最大挖掘半径为 11.26 米，停机面最大挖掘半径为 11.06 米，最大挖掘深度为 7.56 米，最大挖掘高度为 10.54 米，最大卸载高度为 7.37 米，最大垂直挖掘深度为 6.48 米。该挖掘机的燃油箱容量为 503 升，液压油箱容量为 410 升。

神钢 SK550XD-10 Super X 挖掘机

　　神钢 SK550XD-10 Super X 是日本神钢建机公司生产的履带式矿山型反铲挖掘机。

　　神钢 SK550XD-10 Super X 搭载日野 P11C-UP 涡轮增压柴油发动机，配有独立的发动机冷却风扇和液压油冷却风扇，可根据机器的工作温度自动调节转速，在保持稳定机器性能的同时，降低能源消耗。

基本参数	
类型	超大型挖掘机
发动机	10.5 升 257 千瓦 6 缸
长 × 宽 × 高 (毫米)	12060×3610×4350
工作重量	54800 千克
铲斗容量	3.4 立方米
行驶速度	5.4 千米 / 时
回转速度	7.6 转 / 分钟
铲斗挖掘力	282 千牛
斗杆挖掘力	239 千牛

该挖掘机装有大流量液压泵，可保障大型破碎锤所需的充足流量，提高作业效率。操作员可通过驾驶室内的显示屏轻松实现破碎锤压力设定，使操作更为简单。全新设计的破碎锤专用液压管路，使其回油油路经过散热器，可有效降低液压油的温度，防止液压系统因过热产生故障，始终让机器保持良好的工作状态。此外，该挖掘机还设置了破碎锤回路专用过滤器，通过过滤杂质，使液压油保持良好的清洁状态，降低故障发生率。

　　神钢 SK550XD-10 Super X 的最大挖掘半径为 11.25 米，停机面最大挖掘半径为 11.01 米，最大挖掘深度为 6.82 米，最大挖掘高度为 11.12 米，最大卸载高度为 7.18 米，最大垂直挖掘深度为 6.09 米。该挖掘机的燃油箱容量为 638 升，液压油箱容量为 631 升。

沃尔沃 ECR25D 挖掘机

沃尔沃 ECR25D 是瑞典沃尔沃建筑设备公司生产的履带式通用型反铲挖掘机。

沃尔沃 ECR25D 机动性较高，使用小型挂车即可方便运输，可以带 3 个铲斗和 1 个液压破碎锤，而且总运输重量不超过 3.5 吨。通过易于触及的 4 个拴系点可以确保安全运输。由于采用内置式泄压阀，

基本参数	
类型	微型挖掘机
发动机	1.1 升 15.6 千瓦 3 缸
长×宽×高(毫米)	4008×1500×2535
工作重量	2490 千克
铲斗容量	0.074 立方米
行驶速度	4.5 千米 / 时
回转速度	9.4 转 / 分钟
铲斗挖掘力	21.9 千牛
斗杆挖掘力	17.4 千牛

该挖掘机能够匹配各种附属装置，而且安装安全、便捷。如果配备辅助附件回路，还可以进行更多操作。沃尔沃 ECR25D 采用比例式触控控制器，使大臂侧摆和辅助液压系统流量控制更加精确、平顺和容易。自动双速行走功能使操作员能够高速驾驶机器，并在需要更多牵引力时自动降低车速。

沃尔沃 ECR25D 的最大挖掘半径为 4.48 米，停机面最大挖掘半径为 4.31 米，最大挖掘深度为 2.67 米，最大挖掘高度为 4.01 米，最大卸载高度为 2.78 米，最大垂直挖掘深度为 1.83 米。该挖掘机的燃油箱容量为 28 升，液压油箱容量为 23 升，冷却液箱容量为 4 升。

沃尔沃 EC80D 挖掘机

沃尔沃 EC80D 是瑞典沃尔沃建筑设备公司生产的履带式通用型反铲挖掘机。

沃尔沃 EC80D 的大臂和小臂采用高强度钢制成，大臂固定在驾驶室一侧的上部结构，使机器在作业场所的稳定性得到增强，并提供清晰的操作视野。宽敞的驾驶室配备大玻璃窗，拥有清晰的全方位视

基本参数	
类型	小型挖掘机
发动机	3.3 升 35 千瓦 4 缸
长×宽×高（毫米）	1850×2300×2655
工作重量	7450 千克
铲斗容量	0.34 立方米
行驶速度	2.6 千米/时
回转速度	10 转/分钟
铲斗挖掘力	49 千牛
斗杆挖掘力	39 千牛

野，操作员可以轻松自如地操纵近在咫尺的控制装置。高效的空调系统以及振动更小、噪声更低的环境，有助于缓解操作员的疲劳并提高生产率。沃尔沃 EC80D 的维修点都集中在一处，通过发动机舱即可轻松触及，使维修人员执行定期检查更迅速、更方便，从而确保机器的出勤率。

沃尔沃 EC80D 的最大挖掘半径为 6.42 米，停机面最大挖掘半径为 6.27 米，最大挖掘深度为 4.1 米，最大挖掘高度为 7.13 米，最大卸载高度为 5.15 米，最大垂直挖掘深度为 3.53 米。该挖掘机的燃油箱容量为 145 升，液压油箱容量为 140 升，冷却液箱容量为 11.5 升。

沃尔沃 EC220DL 挖掘机

沃尔沃 EC220DL 是瑞典沃尔沃建筑设备公司生产的履带式通用型反铲挖掘机。

沃尔沃 EC220DL 配备沃尔沃特有的 ECO 模式、新型液压系统以及出色的沃尔沃 D6 柴油发动机，有效地降低了运行成本，实现了燃油效率更大化。其驾驶室采用新颖的 DL 系列造型，便于操作员操控机器。得益于出色的视野、可轻松操作的控制器和内在的舒适性以及宽敞而又安全的作业环境，操作员不容易感到疲劳，工作也会更加高效。无论是在道路施工、采石、挖沟或其他作业环境，沃尔沃 EC220DL 都能出色地完成工作。

基本参数	
类型	中型挖掘机
发动机	5.5 升 123 千瓦 6 缸
长×宽×高(毫米)	9690×2990×2940
工作重量	23990 千克
铲斗容量	1 立方米
行驶速度	5.7 千米 / 时
回转速度	12.1 转 / 分钟
铲斗挖掘力	152 千牛
斗杆挖掘力	110 千牛

沃尔沃 EC220DL 的最大挖掘半径为 9.97 米，停机面最大挖掘半径为 9.8 米，最大挖掘深度为 6.76 米，最大挖掘高度为 9.47 米，最大卸载高度为 6.62 米，最大垂直挖掘深度为 6.22 米。

沃尔沃 EC220DL 挖掘机侧面视角

沃尔沃 EC220DL 挖掘机侧后方视角

沃尔沃 EC250 挖掘机

沃尔沃 EC250 是瑞典沃尔沃建筑设备公司生产的履带式通用型反铲挖掘机。

沃尔沃 EC250 搭载沃尔沃 D8M 发动机，在低转速下具有更高的扭矩，性能出色、可靠性高。该发动机采用尾气后处理再生技术，其自动怠速功能和其自动停机功能可减少不必要的油耗和磨损。智能发动

基本参数	
类型	中型挖掘机
发动机	7.7 升 168 千瓦 6 缸
长 × 宽 × 高 (毫米)	10230×3190×3045
工作重量	26310 千克
铲斗容量	1.51 立方米
行驶速度	5.5 千米 / 时
回转速度	11.7 转 / 分钟
铲斗挖掘力	181 千牛
斗杆挖掘力	128 千牛

机延迟停机功能则会在涡轮增压器冷却至合适的温度后再关闭机器，进一步提升发动机的耐久性和可靠性。该挖掘机采用沃尔沃主动控制技术，实现了大臂和铲斗动作自动化，令挖掘过程更加准确，并大幅提升速度。操作员只需在沃尔沃辅助驾驶系统显示器上设置坡度，按下按钮即可开始工作。所有操作均使用单手柄控制。

沃尔沃 EC250 的最大挖掘半径为 10.34 米，停机面最大挖掘半径为 10.16 米，最大挖掘深度为 7.06 米，最大挖掘高度为 9.69 米，最大卸载高度为 6.71 米，最大垂直挖掘深度为 5.52 米。该挖掘机的燃油箱容量为 472 升，液压油箱容量为 215 升。

沃尔沃 EC550 挖掘机

沃尔沃 EC550 是瑞典沃尔沃建筑设备公司生产的履带式矿山型反铲挖掘机。

沃尔沃 EC550 配备大型铲斗，其挖掘力和举升能力可与 60 吨级机器相媲美。该挖掘机采用独立计量阀技术的新一代电液控制系统，并且优化了电机和液压泵组合，在优化功能的同时降低了发动机转速，

基本参数	
类型	超大型挖掘机
发动机	12.8 升 340 千瓦 6 缸
长×宽×高（毫米）	11760×3400×3415
工作重量	55000 千克
铲斗容量	3 立方米
行驶速度	5.4 千米/时
回转速度	9.4 转/分钟
铲斗挖掘力	329 千牛
斗杆挖掘力	250 千牛

将燃油效率提升到了一个新的水平。沃尔沃 EC550 的驾驶室拥有较好的视野，并且可以选装沃尔沃全景摄像系统进一步提升可视性。该挖掘机保养维修方便，维修人员站在地面即可检修分组过滤器，通过右侧的 3 个抓握点可方便安全地查看上部结构。螺栓安装的防滑板、视野良好的护栏和扶手以及宽大的走道等功能进一步确保了机器维修时的安全性。

沃尔沃 EC550 的最大挖掘半径为 11.33 米，停机面最大挖掘半径为 11.06 米，最大挖掘深度为 6.9 米，最大挖掘高度为 10.74 米，最大卸载高度为 7.16 米，最大垂直挖掘深度为 5.85 米。该挖掘机的燃油箱容量为 680 升，液压油箱容量为 270 升，冷却液箱容量为 66 升。

沃尔沃 EC950 挖掘机

沃尔沃 EC950 是瑞典沃尔沃建筑设备公司生产的履带式矿山型反铲挖掘机。

沃尔沃 EC950 借助由高抗拉强度钢制成的加固重型大臂和小臂，能够轻松应对各种作业场合，可更大限度地延长机器正常运行时间并提高机器性能。其小臂下方焊有防护条，防护性能更高，而且提供

基本参数	
类型	超大型挖掘机
发动机	16.1 升 450 千瓦 6 缸
长×宽×高（毫米）	13615×4467×3990
工作重量	93420 千克
铲斗容量	5.6 立方米
行驶速度	4.4 千米 / 时
回转速度	6.9 转 / 分钟
铲斗挖掘力	478 千牛
斗杆挖掘力	420 千牛

多种大臂和小臂配置，能够灵活应对各种铲斗尺寸和应用场合。沃尔沃 EC950 的驾驶室噪声小、空间大（储物空间和腿部空间），并配备 12 个空调通风口和可调节座椅，操作员可时刻保持充沛精力、全神贯注于当前的作业。所有接口（包括操纵杆、键盘和 LCD 监控器）均按照人体工程学布局。

沃尔沃 EC950 的最大挖掘半径为 12.27 米，停机面最大挖掘半径为 11.95 米，最大挖掘深度为 7.12 米，最大挖掘高度为 12.41 米，最大卸载高度为 8.09 米，最大垂直挖掘深度为 5.39 米。该挖掘机的燃油箱容量为 1265 升，液压油箱容量为 460 升，冷却液箱容量为 74 升。

沃尔沃 EC950 挖掘机俯视视角

沃尔沃 EC950 挖掘机正在装车

徐工 XE270DK 挖掘机

徐工 XE270DK 是中国徐工集团生产的履带式通用型反铲挖掘机。

徐工 XE270DK 主要适用于土石方、市政建设、公路桥梁建设、挖建沟渠、农田水利建设、小型矿山作业等工程。该挖掘机搭载康明斯 QSB7 涡轮增压柴油发动机，响应快，功率储备足，高海拔适应性好。通过新一代微电脑控制技术，

基本参数	
类型	中型挖掘机
发动机	6.7升150千瓦6缸
长×宽×高（毫米）	10165×3190×3175
工作重量	26500千克
铲斗容量	1.1立方米
行驶速度	6.1千米/时
回转速度	11.4转/分钟
铲斗挖掘力	185千牛
斗杆挖掘力	129千牛

可以精准控制发动机的喷油时间和喷油量，使发动机始终运行在最佳经济区域，确保机器在各种作业状态下始终保持最佳的效率和经济性。徐工 XE270DK 的斗杆与铲斗连接处采用新型"T"形套轴承，提高了耐磨性。动臂根部采用燕尾式设计，减少了应力集中。

徐工 XE270DK 的最大挖掘半径为 10.24 米，最大挖掘深度为 6.93 米，最大挖掘高度为 10.1 米，最大卸载高度为 7.17 米，最大垂直挖掘深度为 5.52 米。该挖掘机的燃油箱容量为 400 升，液压油箱容量为 220 升。

徐工 XE490DK 挖掘机

徐工 XE490DK 是中国徐工集团生产的履带式矿山型反铲挖掘机。

徐工 XE490DK 坚固的下部行走体可以满足重载作业需要，配置双筋履带和全护型履带护板，耐用性、可靠性和机动性更高。"H"形大臂和小臂关键部位均采用一体式铸造结构，受力均匀，使用寿命更长。接触面采用高硬度耐磨板，

基本参数	
类型	大型挖掘机
发动机	10.8 升 280 千瓦 6 缸
长×宽×高 (毫米)	11805×3582×3890
工作重量	48100 千克
铲斗容量	2.3 立方米
行驶速度	5.4 千米 / 时
回转速度	9.2 转 / 分钟
铲斗挖掘力	301 千牛
斗杆挖掘力	248 千牛

大幅降低表面的磨损，延长使用时间。大容量岩石铲斗采用双圆弧设计结构，减小了挖掘时的阻力，更易装卸物料。该挖掘机搭载康明斯 QSM11 发动机，采用定制扭矩曲线，具有低速大扭矩、燃油消耗低、经济性好等特点，同时在特定转速段内为恒功率模式，使机器在重载低转速时仍保持强大的功率输出。液压系统采用流量再生节能技术、斗杆合流降压技术和阀芯开度自适应技术等新技术，进一步降低了回油背压，提高了挖掘力，提升了重载作业效率。

徐工 XE490DK 的最大挖掘半径为 10.86 米，最大挖掘深度为 7 米，最大挖掘高度为 9.86 米，最大卸载高度为 6.89 米，最大垂直挖掘深度为 4.5 米。该挖掘机的燃油箱容量为 725 升，液压油箱容量为 430 升。

徐工 XE3000 挖掘机

徐工 XE3000 是中国徐工集团生产的履带式矿山型反铲挖掘机。

徐工 XE3000 搭载康明斯 QSK50 涡轮增压柴油发动机，具有低转速、大扭矩的特点，可满足各种矿山工况的需求。该挖掘机的动力舱采用模块化设计，发动机、发动机散热器、分动箱、泵组作为一个整体模块安装在动力舱内，方便安装

基本参数	
类型	超大型挖掘机
发动机	50 升 1193 千瓦 16 缸
长×宽×高(毫米)	18170×8007×8470
工作重量	285000 千克
铲斗容量	15 立方米
行驶速度	2 千米/时
回转速度	4 转/分钟
铲斗挖掘力	935 千牛
斗杆挖掘力	1200 千牛

运输与转场。徐工 XE3000 采用集中加注系统，燃油、液压油、回转齿轮油、分动箱齿轮油、润滑脂集中加注，保养方便。整机润滑采用单线式集中润滑系统，能精确控制每个润滑点的润滑脂量和润滑时间间隔，确保有效润滑。

徐工 XE3000 的最大挖掘半径为 13.88 米，最大挖掘高度为 15.66 米，最大卸载高度为 10.3 米。该挖掘机的燃油箱容量为 5700 升，液压油箱容量为 2500 升。

徐工 XE3000 挖掘机侧面视角

徐工 XE3000 挖掘机正在装车

徐工 XE4000 挖掘机

徐工 XE4000 是中国徐工集团生产的履带式矿山型反铲挖掘机。

徐工 XE4000 整机采用模块化设计，转场方便。其主体采用箱型结构设计，端部为高强度铸件，所有转轴均配有高承载耐磨材料的衬套，并带有润滑油槽，可满足恶劣工况的要求。其核心零部件全部采用全球成熟配套，整机具有可靠性

基本参数	
类型	超大型挖掘机
发动机	60 升 1491 千瓦 16 缸
长×宽×高 (毫米)	20000×9470×8535
工作重量	384000 千克
铲斗容量	20 立方米
行驶速度	2.3 千米 / 时
回转速度	3.2 转 / 分钟
铲斗挖掘力	1057 千牛
斗杆挖掘力	961 千牛

高、作业高效、智能化程度高、维修便利等特点。该挖掘机搭载的康明斯 QSK60C 发动机采用机油循环系统及排气引射技术，保养周期大幅延长，使用成本较低。优异的电控正流量系统，配合徐工集团独立研发的控制系统，实现了发动机和液压系统的良好匹配，使复合动作平稳流畅。徐工 XE4000 配备智能监控及故障自诊断系统，保养和维修非常便利。

徐工 XE4000 的最大挖掘半径为 18.05 米，最大挖掘深度为 8.34 米，最大挖掘高度为 17.16 米，最大卸载高度为 11.83 米，最大垂直挖掘深度为 3.83 米。该挖掘机的燃油箱容量为 7000 升，液压油箱容量为 4000 升。

作业中的徐工 XE4000 挖掘机

徐工 XE4000 挖掘机正在装车

小松 PC2000-8 挖掘机

小松 PC2000-8 是日本小松公司生产的履带式矿山型反铲挖掘机。

小松 PC2000-8 搭载小松 SAA12V 140E-3 涡轮增压柴油发动机，采用高效动力管理系统控制，分动力模式和经济模式两种工作模式，其中经济模式可降低 10% 的油耗。操作员可以根据工作载荷在监控器面板上使用一次触摸操作选择合适的模

基本参数	
类型	超大型挖掘机
发动机	30 升 970 千瓦 12 缸
长×宽×高(毫米)	17030×6240×7135
工作重量	200000 千克
铲斗容量	12 立方米
行驶速度	2.7 千米 / 时
回转速度	4.8 转 / 分钟
铲斗挖掘力	697 千牛
斗杆挖掘力	586 千牛

式。为了防止不必要的油耗，发动机怠速 5 分钟或者更长时间时，监控器屏幕上将显示怠速提示。发动机、冷却风扇、液压泵等噪声源均封装在机器舱内。空气入口和排气口设置大型吸音片阻止噪声的扩散。该挖掘机通过大面积的前挡风玻璃，明显改善了下方的视野，有助于操作员观察机器下方位置。另外，其新型的内部布置消除了侧面的盲点，并与宽大的玻璃窗一起提供了清晰开阔的视野。

小松 PC2000-8 的最大挖掘半径为 15.78 米，停机面最大挖掘半径为 15.31 米，最大挖掘深度为 9.24 米，最大挖掘高度为 13.41 米，最大卸载高度为 8.65 米，最大垂直挖掘深度为 2.71 米。该挖掘机的燃油箱容量为 3400 升，液压油箱容量为 1300 升，冷却液箱容量为 180 升。

作业中的小松 PC2000-8 挖掘机

小松 PC2000-8 挖掘机侧前方视角

小松 PC240-11M0 挖掘机

小松 PC240-11M0 是日本小松公司生产的履带式通用型反铲挖掘机。

小松 PC240-11M0 搭载小松新一代 SAA6D107E-3 柴油发动机，配备可变截面涡轮增压器、电子控制高压共轨燃油喷射系统，并升级了燃烧室结构，使排放更环保，燃油经济性更高。新型发动机电子控制系统通过分布在各处的传感器，控

基本参数	
类型	中型挖掘机
发动机	6.7 升 141 千瓦 6 缸
长×宽×高（毫米）	9965×2980×3185
工作重量	24800 千克
铲斗容量	1.2 立方米
行驶速度	5.5 千米/时
回转速度	11.7 转/分钟
铲斗挖掘力	172 千牛
斗杆挖掘力	129 千牛

制机器处于良好的运行状态。同时，发动机的运行状态可显示在监控器上。该挖掘机采用全新设计的大流量高效率主泵，发挥机器性能的同时降低了燃油消耗。

小松 PC240-11M0 的最大挖掘半径为 10.18 米，停机面最大挖掘半径为 10.02 米，最大挖掘深度为 6.92 米，最大挖掘高度为 10 米，最大卸载高度为 7.04 米，最大垂直挖掘深度为 6.01 米。

现代 R375LVS 挖掘机

现代 R375L VS 是韩国现代重工集团生产的履带式矿山型反铲挖掘机。

现代 R375L VS 搭载康明斯 HE8.9 发动机，燃油经济性好，劣质油品适应性高。发动机采用进口川崎主泵，内置增压器，改善吸油效率。该挖掘机标配了 1.9 立方米重载型铲斗，满足各种作业所需。其上部

基本参数	
类型	大型挖掘机
发动机	8.9 升 232 千瓦 6 缸
长×宽×高 (毫米)	10850×2980×3540
工作重量	38700 千克
铲斗容量	1.9 立方米
行驶速度	5 千米 / 时
回转速度	9.1 转 / 分钟
铲斗挖掘力	228 千牛
斗杆挖掘力	182 千牛

两侧标配防护梁，并特别强化了大臂耐久性。小臂两侧粘贴反光标识，提升了夜间作业的安全性。现代 R375L VS 具有多种工作模式，操作员可根据不同工况进行匹配，提高作业效率、降低油耗。驾驶室可提供多种防护网选配，给予全方位保护。

现代 R375L VS 的最大挖掘半径为 10.57 米，停机面最大挖掘半径为 10.33 米，最大挖掘深度为 6.59 米，最大挖掘高度为 10.45 米，最大卸载高度为 7.34 米，最大垂直挖掘深度为 4.82 米。该挖掘机的燃油箱容量为 610 升，液压油箱容量为 210 升，冷却液箱容量为 50 升。

现代 R850L-9VS 挖掘机

现代 R850L-9VS 是韩国现代重工集团生产的履带式矿山型反铲挖掘机。

现代 R850L-9VS 专为复杂、恶劣的工况设计，具有较高的可靠性及耐久性。该挖掘机搭载康明斯 QSX15 发动机，动力强劲，配以现代设计的液压系统，能根据装备的选配件匹配最优的流量和压力，

基本参数	
类型	超大型挖掘机
发动机	15 升 380 千瓦 6 缸
长×宽×高(毫米)	13100×4495×5040
工作重量	84230 千克
铲斗容量	4.5 立方米
行驶速度	3.8 千米 / 时
回转速度	6.2 转 / 分钟
铲斗挖掘力	443 千牛
斗杆挖掘力	333 千牛

工作更高效，且节油环保。该挖掘机具备破碎锤模式、大臂回转优先模式、挖掘模式等多种工作模式，适应多种作业环境需要。其驾驶室顶部和前窗标配坚固的防护栏，配备豪华的悬浮座椅，空调环绕，工作环境安全舒适。

现代 R850L-9VS 的最大挖掘半径为 12.25 米，停机面最大挖掘半径为 11.97 米，最大挖掘深度为 7.24 米，最大挖掘高度为 11.75 米，最大卸载高度为 7.5 米，最大垂直挖掘深度为 5.67 米。该挖掘机的燃油箱容量为 940 升，液压油箱容量为 450 升，冷却液箱容量为 65 升。

现代 R850L-9VS 挖掘机侧前方视角

约翰迪尔 E400LC 挖掘机

约翰迪尔 E400LC 是美国约翰迪尔公司生产的履带式矿山型反铲挖掘机。

约翰迪尔 E400LC 配备全新优化设计的铲斗，更加耐磨，可针对不同的物料和工况采用不同的敞口宽度及斗齿和侧刃。加强型动臂和斗杆专为重载和岩石工况设计，加高、加宽的底盘系统标配双齿履带

基本参数	
类型	大型挖掘机
发动机	9 升 232 千瓦 6 缸
长×宽×高（毫米）	11250×3520×3720
工作重量	40900 千克
铲斗容量	2 立方米
行驶速度	5.2 千米/时
回转速度	9.4 转/分钟
铲斗挖掘力	243 千牛
斗杆挖掘力	203 千牛

和岩石型全长护轨器。该挖掘机的驾驶室空间较大，带内增压及全天候高端空调系统，标配防翻滚、防落物（ROPS/FOPS）保护结构，以及 7 盏 LED 照明灯。触摸式 7 英寸液晶显示器信息丰富、控制简便，并带有智能故障诊断技术和约翰迪尔智联远程通信。其配备的约翰迪尔独有的航空级固态电子电路，大量减少了导线、继电器和传感器的使用。

约翰迪尔 E400LC 的最大挖掘半径为 11.04 米，停机面最大挖掘半径为 10.7 米，最大挖掘深度为 7 米，最大挖掘高度为 11 米，最大卸载高度为 7.52 米，最大垂直挖掘深度为 6.2 米。该挖掘机的燃油箱容量为 600 升，液压油箱容量为 232 升，冷却液箱容量为 33 升。

第 3 章　铲运车辆

铲运车辆是利用刀型或斗型切削装置在走行中铲掘、切削土石方，并能把所铲削的土石方送到一定距离自行卸掉的机械，也包括专门用于越野运输的自卸运输车辆。本章主要介绍了铲运车辆的主流车型，以在售车型为主，也有部分停产的经典车型。

国机洛建 T120N-3 推土机 ◀◀◀◀

国机洛建 T120N-3 是中国国机重工（洛阳）建筑机械有限公司生产的履带式燃油型推土机。

国机洛建 T120N-3 采用与英国里卡多公司合资技术生产的柴油发动机，符合国家 Ⅲ 阶段排放要求，噪声低、扭矩大、节能环保。变速

基本参数	
类型	标准型推土机
发动机	6.5升99千瓦6缸
长×宽×高(毫米)	5560×3135×3230
工作重量	13000 千克
铲刀容量	4 立方米
行驶速度（前进）	10.6 千米 / 时

箱为 4F＋2R 机械换挡变速箱，具有工作效率高，操作简单，维修方便，使用可靠等特点。转向离合器采用干式、多片结构，手动液压助力操纵，具有易保养、操纵轻便等优点。该推土机采用全封闭六面体驾驶室，有效降低了噪声，提高了舒适性，工作视野更加开阔。标配暖风装置，可选装冷暖两用空调。其配置沙漠型空气滤清器，更适应煤场、沙漠等特殊工况作业需求。

国机洛建 T120N-3 主要配备直倾铲，也可配备环卫铲、角铲及松土器等装置。直倾铲的铲刀宽度为 3135 毫米，铲刀高度为 970 毫米；铲刀提升高度为 894 毫米，最大切削深度为 400 毫米。

卡特彼勒 D6R2 推土机 ≪≪≪

卡特彼勒 D6R2 是美国卡特彼勒公司生产的履带式燃油型推土机。

卡特彼勒 D6R2 安静舒适的驾驶室可提供出色的全方位视野。增压有助于减少驾驶室中的灰尘。标准悬浮座椅具有多种调节功能，可增强操作员的舒适感。仪表板配备了

基本参数	
类型	标准型推土机
发动机	8.8 升 148 千瓦 6 缸
长 × 宽 × 高 (毫米)	4250×3200×3350
工作重量	18984 千克
铲刀容量	5.6 立方米
行驶速度 (前进)	11.5 千米 / 时

清晰易读的仪表，便于操作员监测燃油油位、发动机转速、温度水平等信息。符合人体工程学、易于使用的机具和转向控制装置使操作简单精确。操作员使用单手操作柄即可改变方向，只需轻触按钮便可选择挡位。可选装的自动换挡能根据负载情况自动降挡至最高效的挡位，从而帮助节省燃油和提升生产率。差速转向系统可以在降低一条履带速度的同时增加另一条履带的速度，即使在铲刀满载的情况下，也可以提供卓越的转向性能。

卡特彼勒 D6R2 主要配备直倾铲、SU 铲和角铲三种铲刀，铲刀宽度分别为 3360 毫米、3260 毫米和 4166 毫米。

卡特彼勒 844K 推土机

卡特彼勒 844K 是美国卡特彼勒公司生产的轮式燃油型推土机。

卡特彼勒 844K 专为大规模推土作业中的高难度工作而设计，属于卡特彼勒轮式推土机系列中较大的机型。该推土机以耐用性为设计理念，90% 的机器结构件为自动焊接

基本参数	
类型	标准型推土机
发动机	27 升 556 千瓦 12 缸
长 × 宽 × 高（毫米）	11120×5418×5240
工作重量	74883 千克
铲刀容量	15.9 立方米
行驶速度（前进）	24.5 千米 / 时

而成，焊缝均匀，强度较高。全箱型截面后机架能承受强大的扭转冲击力和扭曲力。发动机端机架上的铸件用于高应力部位，有助于分散高负载。铸造的枢轴安装区域可以更好地分散应力负载，增强了结构的完整性。卡特彼勒 844K 采用转向和变速集成控制系统（STIC），将方向选择、挡位选择及转向操作整合到单个操纵杆中，以获得最佳的响应和操控性。

卡特彼勒 844K 主要配备了 SU 铲，铲刀宽度为 5418 毫米，铲刀高度为 2024 毫米；铲刀提升高度为 1459 毫米，最大切削深度为 465 毫米，最大倾斜量为 829 毫米。该推土机的燃油箱容量为 1085 升，液压油箱容量为 261 升。

卡特彼勒 844K 推土机侧前方视角

作业中的卡特彼勒 844K 推土机

柳工 B320C 推土机

柳工 B320C 是中国广西柳工机械股份有限公司生产的履带式燃油型推土机。

柳工 B320C 搭载康明斯 QSNT-C345 发动机，采用先进的负荷传感液压回路，选用美国派克多路阀，实现无载损失最小，减少发动机功率消耗，提高效率，节约能源。底盘液压系统集中侧压，能方便快速地进行检查，诊断故障。该推土机采用先导操纵控制手柄，与同类产品相比，取消了烦琐的工作装置伺服系统，因此，提高了操作灵敏度，减少了延迟，降低了操纵力，适应性好，行程短。其采用铝制散热管理系统，综合散热效率比传统散热系统更高，且不容易堵塞。

柳工 B320C 主要配备半"U"形铲，铲刀宽度为 4130 毫米，铲刀高度为 1530 毫米；铲刀提升高度为 1380 毫米，最大切削深度为 560 毫米。该推土机的燃油箱容量为 600 升，液压油箱容量为 340 升。

基本参数	
类型	标准型推土机
发动机	14 升 257 千瓦 6 缸
长×宽×高（毫米）	6860×2700×3590
工作重量	34000 千克
铲刀容量	10.4 立方米
行驶速度（前进）	11.8 千米/时

柳工 B320C 推土机侧前方视角

运输中的柳工 B320C 推土机

彭浦 PD165YS-5 推土机

彭浦 PD165YS-5 是中国彭浦机器厂有限公司生产的履带式燃油型推土机。

彭浦 PD165YS-5 搭载潍柴 WP10G178E355 水冷式柴油发动机，动力强劲，适合在垃圾填埋场等恶劣环境中工作。变速箱采用行星齿轮结构，通过操纵液压控制阀实现前进、后退及各种变速。液压变矩器为单级单相三元件向心涡轮液力变矩器，具有良好的自动适应性能、无级调速性能。最终传动采用小松硬齿面鼓形修缘传动、正齿轮二级减速飞溅润滑，具有承载能力大、传动平稳、使用寿命长的特点。驱动轮为镶块式大链轮，拖轮数为每侧 2 个，支重轮数为每侧 7 个。该推土机采用超宽、超高铲刀，能在单行程中发挥铲刀大容量的优势，提高推运效率。

彭浦 PD165YS-5 主要配备有直倾铲、环卫铲两种铲刀，铲刀宽度均为3970 毫米，铲刀高度分别为 1050 毫米和 1514 毫米；铲刀提升高度均为1180 毫米，最大切削深度均为 440 毫米，最大倾斜量均为 700 毫米。

基本参数	
类型	标准型推土机
发动机	9.7 升 131 千瓦 6 缸
长×宽×高（毫米）	5650×3970×3155
工作重量	18700 千克
铲刀容量	4.4 立方米
行驶速度（前进）	10.6 千米 / 时

彭浦 PD165YS-5 推土机侧面视角

彭浦 PD165YS-5 推土机侧前方视角

山工 SEM816D 推土机

中国山工机械有限公司 2008 年被美国卡特彼勒公司收购，山工 SEM816D 是其生产的履带式燃油型推土机。

山工 SEM816D 的静液压系统不仅传承了卡特彼勒第三代推土机的自动双回路电控静液压传动技术，

基本参数	
类型	标准型推土机
发动机	9.7 升 131 千瓦 6 缸
长×宽×高（毫米）	6600×3180×3080
工作重量	16900 千克
铲刀容量	4.3 立方米
行驶速度（前进）	10 千米/时

而且提高了工作效率和可靠性。高扭矩储备系数的电控发动机，通过多态开关可实现在任何工况下实时切换经济、标准和重载三种模式，以满足不同工况的要求。制动系统采用湿式多片式摩擦片，大幅提升可靠性。冷却系统采用模块化设计，拆卸方便，油冷器可同时为静液压系统和工作液压系统提供散热。

山工 SEM816D 标配卡特彼勒家族最受欢迎的 SU 铲，它结合了直倾铲和"U"形铲的优点，既有直倾铲找平的功能，又兼容"U"形铲大容量的特点。铲刀采用箱型结构，受力点额外加固，强度更高。铲刀宽度为 3180 毫米，铲刀高度为 1240 毫米；铲刀提升高度为 1041 毫米，最大切削深度为 430 毫米。该推土机的燃油箱容量为 320 升，液压油箱容量为 140 升。

山工 SEM816D 推土机侧后方视角

山工 SEM816D 推土机侧前方视角

山工 SEM822D 推土机

山工 SEM822D 是中国山工机械有限公司生产的履带式燃油型推土机。

山工 SEM822D 采用卡特彼勒模块化终传动设计，采用一级直齿加一级行星传动，传动比大，传动效率高。由于省去了变矩器、变速

基本参数	
类型	标准型推土机
发动机	11.6 升 175 千瓦 6 缸
长 × 宽 × 高（毫米）	6900×3800×3200
工作重量	24000 千克
铲刀容量	6.4 立方米
行驶速度（前进）	10 千米 / 时

箱和后桥箱等传动部件，该推土机的维修保养费用大幅降低。其底盘采用平衡梁枢轴悬挂，可有效降低对终传动的冲击，提高终传动的寿命。山工SEM822D 标配液压温控风扇，可根据环境需求自行调节风扇转速，具有风扇自动反转功能，反转时间间隔可自行设置，同时新增手动反转功能，节省油耗的同时方便散热器清理。冷却系统采用模块化设计，拆卸方便，易于维修，损坏后只需更换相应模块。

山工 SEM822D 主要配备了 SU 铲、直倾铲两种铲刀，铲刀宽度分别为 3660 毫米和 3800 毫米，铲刀高度分别为 1520 毫米和 1510 毫米；铲刀提升高度均为 1140 毫米，最大切削深度均为 570 毫米。该推土机的燃油箱容量为 460 升，液压油箱容量为 160 升。

山工 SEM822D 推土机侧前方视角

山工 SEM822D 推土机侧面视角

山工 SEM824F 推土机

山工 SEM824F 是中国山工机械有限公司生产的履带式燃油型推土机。除标准型外，还有环卫型、沙漠型、推煤型、湿地型、超湿地型等。

山工 SEM824F 具备加强型主机架和一体式行走架结构，铲刀采用箱型设计，弧形板采用符合卡特彼

基本参数

类型	标准型推土机
发动机	9.5 升 211 千瓦 4 缸
长 × 宽 × 高（毫米）	不详
工作重量	23730 千克
铲刀容量	6.4 立方米
行驶速度（前进）	10 千米 / 时

勒 1E 标准的高强度耐磨板材，满足恶劣磨损工况要求。标配湿式制动系统，制动性能更好，使用寿命更长。该推土机的驾乘空间较大，配有六向可调悬浮座椅，铲刀、铲角、后部工作装置都在有效视线范围内，舒适的同时确保安全性。负载感应系统结合恒功率控制技术，可自动匹配负载变化，作业效率高，同时节省油耗。依靠卡特彼勒模块化散热系统，环境气温高达 45℃ 时，山工 SEM824F 仍能正常进行高强度作业。

山工 SEM824F 标准型主要配备半"U"形铲、直倾铲两种铲刀，铲刀宽度分别为 3605 毫米和 3700 毫米，铲刀高度分别为 1520 毫米和 1510 毫米；铲刀提升高度均为 1140 毫米，最大切削深度均为 570 毫米，最大倾斜量分别为 520 毫米和 540 毫米。

山推 SD23 推土机

山推 SD23 是中国山推工程机械股份有限公司生产的履带式燃油型推土机。

山推 SD23 采用液力传动、液压操纵、电子监控以及大容量的推土铲等先进技术，配备防翻滚保护装置，具有良好视野的六面体驾驶室，

基本参数	
类型	标准型推土机
发动机	14 升 180 千瓦 6 缸
长×宽×高（毫米）	5535×3725×3380
工作重量	24660 千克
铲刀容量	10 立方米
行驶速度（前进）	13.8 千米 / 时

配装有空调系统以及按人体工程学设计的操纵系统，结构合理、性能先进、操作简单。按照人体工程学原理，变速、转向、油门操纵集中布置在操作员的左侧，并采用软轴结构。工作装置操纵集中布置在操作员的右侧，采用伺服操纵系统，操纵轻便灵活。该推土机全箱型结构的主机架具有较高的承载冲击载荷和抗弯扭的能力，高性能材料和高强度铸件的应用使其更加坚固，高品质焊缝确保主机架具有全寿命周期。

山推 SD23 标准型主要配备直倾铲、"U"形铲两种铲刀，铲刀宽度分别为 3725 毫米和 1395 毫米，铲刀高度均为 1590 毫米；铲刀提升高度均为 1560 毫米，最大切削深度均为 540 毫米。该推土机的燃油箱容量为 470 升。

山推 SD32 推土机

山推 SD32 是中国山推工程机械股份有限公司生产的履带式燃油型推土机。除标准型外，还有环卫型、沙漠型、岩石型、推煤型等。

山推 SD32 搭载康明斯 QSNT-C345 电控发动机，其动力强劲，高效节能，维护保养成本低。采用径向密封进气系统，有效提升了发动机的使用寿命。该推土机采用山推工程机械股份有限公司自主研发的传动系统，久经市场考验，性能稳定，质量可靠。传动系统与发动机曲线出色匹配，高效区更宽广，传递效率更高。

基本参数	
类型	标准型推土机
发动机	14 升 257 千瓦 6 缸
长 × 宽 × 高 (毫米)	8650×4130×3760
工作重量	40200 千克
铲刀容量	10 立方米
行驶速度 (前进)	11.5 千米 / 时

山推 SD32 标准型主要配备直倾铲、半 "U" 形铲、角铲三种铲刀。其中直倾铲的铲刀宽度为 4130 毫米，铲刀高度为 1590 毫米；铲刀提升高度为 1560 毫米，最大切削深度为 560 毫米，最大倾斜量为 1000 毫米。该推土机的燃油箱容量为 640 升，液压油箱容量为 164 升。

山推 SD32 推土机侧面视角

山推 SD32 推土机侧后方视角

山推 SD32-C5 推土机

山推 SD32-C5 是中国山推工程机械股份有限公司生产的履带式燃油型推土机。

山推 SD32-C5 整机采用高效液力传动形式、液压操纵技术，结构先进合理，操纵轻便灵活，质量可靠，主要适用于矿山开挖、冻土铲

基本参数	
类型	标准型推土机
发动机	14 升 257 千瓦 6 缸
长×宽×高（毫米）	8545×3955×3624
工作重量	38500 千克
铲刀容量	10 立方米
行驶速度（前进）	11 千米 / 时

运、电厂推煤等工况。该推土机的传动模块、行走模块、动力模块可以独立拆装更换，互不影响，不依赖机架，可实现模块总成返厂维修或独立更换。山推 SD32-C5 采用浮动式行走系统，支重轮始终与链轨接触，增加了履带接地面积，提高了复杂不平路面的牵引力。该推土机搭载康明斯 QSNT-C345 电喷发动机，通过优化燃烧，配合先进的双脉冲喷油凸轮和优化活塞及活塞环组设计，实现高效燃油喷射，精确稳定控制，降低燃油消耗。

山推 SD32-C5 主要配备半"U"形铲，铲刀宽度为 4130 毫米，铲刀高度为 1590 毫米；铲刀提升高度为 1560 毫米，最大切削深度为 589 毫米，最大倾斜量为 1000 毫米。该推土机的燃油箱容量为 587 升。

山推 SD60-C5 推土机

　　山推 SD60-C5 是中国山推工程机械股份有限公司生产的履带式燃油型推土机。

　　山推 SD60-C5 的底盘系统采用支重轮 K 形悬挂设计，具有浮动行走功能，驾乘舒适性好。该推土机采用高强度七面体驾驶室，空间大、

基本参数	
类型	标准型推土机
发动机	18.9 升 450 千瓦 6 缸
长 × 宽 × 高 (毫米)	10390×4690×4370
工作重量	70630 千克
铲刀容量	18.9 立方米
行驶速度 (前进)	11.8 千米 / 时

视野开阔、空间密闭性好，有效阻隔了外部噪声。进口 KAB 座椅可旋转 15°，利于松土器状态的观察，减震性强、舒适性好，可实现多种调节功能，能有效缓解操作员的疲劳。山推 SD60-C5 搭载康明斯 QSK19 电控发动机，配备了先进的模块化共轨燃油系统、赛克隆双预滤进气系统。行走操纵采用电控单手柄装置，可实现"手自一体指尖换挡"功能。山推 SD60-C5 采用带闭锁功能的液力变矩器，输出扭矩可随负载变化，负载适应性强，低速时为液力传动，高速时为机械传动，可节约燃油 10% ～ 15%，具有较高的燃油经济性。

　　山推 SD60-C5 主要配备半"U"形铲，铲刀宽度为 4690 毫米，铲刀高度为 2250 毫米；铲刀提升高度为 1660 毫米，最大切削深度为 715 毫米。该推土机的燃油箱容量为 1150 升，液压油箱容量为 246 升。

山推 DE26-X2 CH 推土机

　　山推 DE26-X2 CH 是中国山推工程机械股份有限公司生产的履带式电动推土机。

　　山推 DE26-X2 CH 采用纯电驱动，节能环保，动力强劲，具有生产效率高、可靠性高、使用成本低等特点。该推土机工作装置操纵灵活，

基本参数	
类型	标准型推土机
电池	磷酸铁锂电池
长 × 宽 × 高（毫米）	6514×3800×3260
工作重量	25500 千克
铲刀容量	6.1 立方米
行驶速度（前进）	10 千米 / 时

驾驶室视野开阔，舒适性好，能适应环保要求高的作业环境，维修保养便利，主要用于电厂、煤矿、钢厂等作业工况，适用松散物料的推运、堆积、回填等作业。山推 DE26-X2 CH 配置大容量磷酸铁锂电池，车载总能源为350 千瓦时，可满足重载工况工作 3 ～ 4 小时、中轻载工况工作 4 ～ 5 小时。配置双枪快充接口，可匹配不同功率电动汽车通用充电桩，最短充电时间仅 1 小时。与传统燃油设备相比，整体使用成本降低 60% 以上。电池及电机采用智能温控系统，实现对动力电池、驱动电机及控制器的高效冷却。高压系统采用三级安全防护，保证安全。

　　山推 DE26-X2 CH 主要配备半 "U" 形铲，铲刀宽度为 3762 毫米，铲刀高度为 1400 毫米；铲刀提升高度为 1247 毫米，最大切削深度为 540 毫米。该推土机的液压油箱容量为 143 升。

徐工 TY230 推土机

徐工 TY230 是中国徐工集团生产的履带式燃油型推土机。

徐工 TY230 搭载康明斯 NT855-C280S10 涡轮增压柴油发动机，动力强劲、性能卓越。利用军工技术和设备生产的传动件和磨损件强度高、韧性好、耐磨性强。行走系统

基本参数	
类型	标准型推土机
发动机	14 升 169 千瓦 6 缸
长 × 宽 × 高 (毫米)	6790×3725×3472
工作重量	28460 千克
铲刀容量	7.8 立方米
行驶速度 (前进)	11.3 千米 / 时

采用"八"字形梁摆动式，平衡梁半刚性悬挂结构，同时增加履带接地长度，保证高速行走时具有良好的缓冲作用，行走平稳、操作舒适、附着性好。该推土机采用新颖的六面体驾驶室，造型美观、视野开阔、乘坐舒适。具有声光报警功能的电子监控系统，灵敏度高，监测更为直观。自动调节角度、高度的操作员座椅与更符合人体工程学设计的操作系统，使操作更方便、更轻松。独立的防滚翻保护装置加强了操作员工作中的安全保障。

徐工 TY230 可以配备直倾铲、"U"形铲、角铲、单齿和三齿松土器，工况适应能力强。其中直倾铲的铲刀宽度为 3725 毫米，铲刀高度为 1390 毫米；铲刀提升高度为 1210 毫米，最大切削深度为 540 毫米，最大倾斜量为 735 毫米。

宣工 SD6GHW 推土机

宣工 SD6GHW 是中国宣化工程机械股份有限公司生产的履带式燃油型推土机。

宣工 SD6GHW 搭载上柴 C6121 发动机，扭矩储备系数大，抗过载能力强。液力机械变矩器具有高效区宽、效率高的特点。变速箱为行

基本参数	
类型	标准型推土机
发动机	10 升 119 千瓦 6 缸
长×宽×高（毫米）	5212×3564×3092
工作重量	17500 千克
铲刀容量	4 立方米
行驶速度（前进）	10.8 千米 / 时

星传动、动力换挡变速箱，具有换挡平稳、操纵轻便的特点。转向、制动采用联动形式，制动系统为液压助力。终传动系统齿轮采用大变位设计，承载能力高、使用寿命长。推土铲的液压系统配备了外阀，维修方便、工作可靠。液压油箱为压力油箱，增加了液压系统的吸油能力，避免了液压系统产生气蚀。该推土机采用轧制履带板，履带强度更高，附着力增大。较宽的轨距和较长的履带接地长度，使其具有较高的整机稳定性。

宣工 SD6GHW 主要配备直倾铲，铲刀宽度为 3564 毫米，最大切削深度为 550 毫米。

厦工 XG4161L 推土机 ◀◀◀◀

厦工 XG4161L 是中国厦工机械股份有限公司生产的履带式燃油型推土机。

厦工 XG4161L 搭载潍柴 WP10 G178E355 涡轮增压电控发动机，与液力变矩器匹配性能良好，高效区转速范围宽，根据路面阻力，可在

基本参数	
类型	标准型推土机
发动机	9.7 升 131 千瓦 6 缸
长 × 宽 × 高（毫米）	5127×3416×3060
工作重量	17100 千克
铲刀容量	4.5 立方米
行驶速度（前进）	10.6 千米 / 时

一定范围内自动变矩，配合动力换挡变速箱，获得最佳的输出动力，可满足不同的作业状况。行走系统采用平衡梁悬挂方式，可在崎岖不平的场地作业，履带耐磨性较好。作业装置采用液压驱动方式，结构简单、灵敏可靠。该推土机采用六面体驾驶室，乘坐舒适，视野开阔，密封、降噪效果佳，可选配冷暖空调。

厦工 XG4161L 标配直倾铲，也可选配"U"形铲、角铲。直倾铲的铲刀宽度为 3416 毫米，铲刀高度为 1168 毫米；铲刀提升高度为 1095 毫米，最大切削深度为 545 毫米，最大倾斜量为 427 毫米。

小松 D475A-5E0 推土机 ◀◀◀◀

　　小松 D475A-5E0 是日本小松公司生产的履带式燃油型推土机。

　　小松 D475A-5E0 整机支架持久性能较好，K 型支重轮架、楔形环及宽履带能够大幅提升履带耐久性。装有可反转液压驱动风扇，便于清理散热器。防翻滚（ROPS）大型一

基本参数	
类型	标准型推土机
发动机	30 升 664 千瓦 12 缸
长×宽×高（毫米）	11565×5265×4646
工作重量	108390 千克
铲刀容量	27.2 立方米
行驶速度（前进）	11.2 千米/时

体化驾驶室能够充分保障操作员的安全。驾驶室内的显示屏配有故障诊断功能。该推土机搭载小松 SAA12V140E-3 柴油发动机，提供充足的动力，可根据机器负荷自动切换最佳速度。其具有适合往返作业的变速预设功能，加上先进的换挡指挥控制系统（PCCS），便于操作员自由操作。

　　小松 D475A-5E0 主要配备半"U"形铲，铲刀宽度为 5265 毫米，铲刀高度为 2690 毫米；铲刀提升高度为 1620 毫米，最大切削深度为 1010 毫米，最大倾斜量为 770 毫米。该推土机的燃油箱容量为 1670 升，液压油箱容量为 180 升。

移山 TS160E 推土机

移山 TS160E 是中国移山工程机械有限公司生产的履带式燃油型推土机。

移山 TS160E 具有结构先进、布局合理，操纵省力、油耗低、使用维修保养方便，质量稳定可靠，接地比压小，通过性良好的特点。该

基本参数	
类型	湿地型推土机
发动机	14 升 131 千瓦 6 缸
长×宽×高（毫米）	5779×4150×3277
工作重量	18668 千克
铲刀容量	3.9 立方米
行驶速度（前进）	11 千米 / 时

推土机配备大容量推土铲，也可配备牵引架、环卫铲、绞盘等多种工作装置，主要适用于垃圾处理场、含水量高的地面、沼泽和黏性地质工况下作业。该推土机的驾驶室舒适宽敞，大幅面前视车窗提供广阔视野，使工作装置一目了然。其换挡轻便，操纵控制布局合理，方便操作员进行多种操作。脚踏油门装置是移山 TS160E 的独特设计，当推土机行驶在下坡道或崎岖不平的作业面时，操作员可利用脚踏油门进行减速，防止因减速来不及造成的冲击和颠簸，增强了操作员驾驶的安全性。操作员借助脚踏油门的减速，换挡也更为方便迅速。

移山 TS160E 主要配备直倾铲，铲刀宽度为 4150 毫米，铲刀高度为 970 毫米；铲刀提升高度为 1177 毫米，最大切削深度为 412 毫米，最大倾斜量为 789 毫米。

卡特彼勒 623H 铲运机

卡特彼勒 623H 是美国卡特彼勒公司生产的轮式燃油型铲运机。

卡特彼勒 623H 宽敞的驾驶室和宽大的车门使得操作员进出驾驶室更加便利。驾驶室玻璃窗的大量使用，使操作员拥有了更开阔的视野。无论操作员体型大小，可伸缩

基本参数	
类型	自行式铲运机
发动机	12.5 升 304 千瓦 6 缸
长×宽×高（毫米）	13767×3688×4037
工作重量	39937 千克
铲运斗堆装容量	17.6 立方米
行驶速度	53.9 千米 / 时

且可倾斜的可调式转向柱都能保证舒适的驾驶位置。该铲运机配备卡特彼勒的舒适座椅，可移动的距离更长，使操作员可以灵活调整坐姿，以获得最佳的舒适度和生产率。卡特彼勒 623H 的工作区域可视系统（WAVS）可以提供铲刃、机器右侧和后部的画面。该系统不仅提高了操作的安全性，而且提供了在装载期间查看铲刃以及在与另一台铲运机一起执行推式装载或推拉工作时观察机器后部的新方式。

卡特彼勒 623H 的额定负载为 25038 千克，铲运斗平装容量为 14.4 立方米；最大挖方深度为 262 毫米，铣刀外侧的挖方宽度为 3136 毫米。该铲运机的燃油箱容量为 763 升，液压油箱容量为 83 升。

作业中的卡特彼勒 623H 铲运机

卡特彼勒 623H 铲运机侧前方视角

卡特彼勒 627H 铲运机

卡特彼勒 627H 是美国卡特彼勒公司生产的轮式燃油型铲运机。

卡特彼勒 627H 将空调装置移至驾驶室的下方，拓宽了操作员的视野范围。全新 H 系列操作台的设计符合人体工程学原理，使操作员在一个舒适、高产且安全的环境中

基本参数	
类型	自行式铲运机
发动机	12.5 升 304 千瓦 6 缸
长 × 宽 × 高 (毫米)	15575×3688×4029
工作重量	40500 千克
铲运斗堆装容量	18.3 立方米
行驶速度	53.9 千米 / 时

进行全面的机器控制。所有控制装置、操纵杆、开关和仪表布局合理，可最大限度地提高生产率和缓解操作员的疲劳。驾驶室配备了各种能够改善操作员舒适度的功能，包括衣帽钩、带有固定带的饭盒存储平台、空调、暖气和无线电预留装置。为了提高驾驶的舒适性，该铲运机配备了卡特彼勒高级驾驶管理（ARM）悬浮座椅，它使用主动悬浮来缓冲振动，并且最大限度地减小操作员在行程末端所承受的冲击负载。卡特彼勒 627H 铲运斗的低断面设计使其进料阻力更小，而蜂窝状的结构则增强了铲运斗侧面和底板的强度和耐冲击性。

卡特彼勒 627H 的额定负载为 26127 千克，铲运斗平装容量为 13 立方米；最大挖方深度为 315 毫米，铣刀外侧的挖方宽度为 3136 毫米；斗门开度为 1767 毫米。该铲运机的燃油箱容量为 1272 升，液压油箱容量为 83 升。

卡特彼勒 627H 铲运机侧前方视角

卡特彼勒 627H 铲运机侧后方视角

卡特彼勒 637G 铲运机

卡特彼勒 637G 是美国卡特彼勒公司生产的轮式燃油型铲运机。

卡特彼勒 637G 为串联动力驱动，其牵引车由卡特彼勒 C18 发动机提供动力，大排量和高扭矩储备使铲运机能够在坚硬物料中完成铲挖作业。此外，该铲运机还加装了

基本参数	
类型	自行式铲运机
发动机	18.1 升 373 千瓦 6 缸
长 × 宽 × 高（毫米）	14565×3938×4286
工作重量	52047 千克
铲运斗堆装容量	26 立方米
行驶速度	54.9 千米 / 时

一台卡特彼勒 C9 发动机，该发动机为卡特彼勒 637G 提供了行业内领先的出众动力和燃油效率，可以在各种应用中表现出始终如一的高性能。另外，该发动机还具有双功率功能，变矩器传动时使用低功率设定，直接传动时使用高功率设定。卡特彼勒 637G 的多格式铲运斗结构强度较高，斗侧和底板不易产生凹陷。精心设计的铲运斗使掉落物体不会积留在铲运斗和斗臂之间，有效防止了过早磨损。

卡特彼勒 637G 的额定负载为 37285 千克，铲运斗平装容量为 18.3 立方米；最大挖方深度为 437 毫米，铣刀外侧的挖方宽度为 3512 毫米；斗门开度为 2007 毫米。该铲运机的燃油箱容量为 1268 升，液压油箱容量为 190 升。

作业中的卡特彼勒 637G 铲运机

卡特彼勒 637G 铲运机侧面视角

卡特彼勒 657G 铲运机

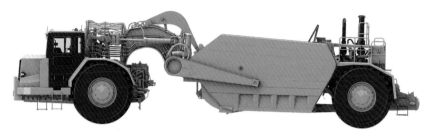

卡特彼勒 657G 是美国卡特彼勒公司生产的轮式燃油型铲运机。

卡特彼勒 657G 标准的橡胶安装式驾驶室降低了噪声，减小了振动，使操作员能够在作业期间舒适地执行操作。操作省力的控制装置触手可及，可实现稳定、精确的操

基本参数	
类型	自行式铲运机
发动机	18 升 447 千瓦 8 缸
长×宽×高（毫米）	17210×4350×4620
工作重量	72190 千克
铲运斗堆装容量	56 立方米
行驶速度	53 千米/时

作。液压伺服转向系统提供了驾驶小汽车般的省力感觉和卓越的机动性。倾斜转向柱可调节到 5 个不同的位置以实现操作员的舒适性和可控性。电子监控系统会检查重要的机器系统并提供 3 个级别的警告。发动机的维修保养点都集中在右侧，易于检修。同时，检修平台和众多扶手提高了维护的方便性和安全性。该铲运机的机架、铰接件和铲运斗中广泛使用了铸件，实现了较长的使用寿命。保险杠边缘经修圆处理，可避免勾连到高墙中。多层隔热防护罩有助于将发动机室的表面温度保持在柴油燃料的闪点以下。

卡特彼勒 657G 的额定负载为 49895 千克，铲运斗平装容量为 45 立方米；最大挖方深度为 430 毫米，铣刀外侧的挖方宽度为 3580 毫米。该铲运机的燃油箱容量为 1593 升，液压油箱容量为 303 升。

卡特彼勒 657G 铲运机侧面视角

卡特彼勒 657G 铲运机侧前方视角

泰安现代 XDCY-1A 铲运机 ◀◀◀◀

泰安现代 XDCY-1A 是中国泰安现代重工科技有限公司生产的轮式燃油型铲运机。

泰安现代 XDCY-1A 结构紧凑、操作方便，可进行铲、装、运、卸一体化作业，作业功效高，适合回采出矿和巷道掘进出碴，以及工作

基本参数	
类型	自行式铲运机
发动机	3.8 升 58 千瓦 4 缸
长×宽×高(毫米)	5700×1300×2000
工作重量	7000 千克
铲运斗堆装容量	1 立方米
行驶速度	9.5 千米/时

场地和道路的修筑平整、材料运输等辅助作业。该铲运机采用技术领先的回转支承结构，与传统的后桥摆动形式相比，故障率更低。工作系统采用先导操控，使操作更加简单，工作效率更高。双转向油缸，转向角度更大、更平稳。驻车制动为弹簧制动、液压释放，并配备紧急制动系统，使制动安全可靠。尾气排放系统采用水过滤系统，并可选装进口三元催化器，极大地降低了空气污染。

泰安现代 XDCY-1A 的额定负载为 2000 千克，最大卸载高度为 1250 毫米，卸载距离为 860 毫米，最小转弯半径为 4390 毫米。

泰安现代 XDCY-1A 铲运机侧面视角

泰安现代 XDCY-1A 铲运机俯视视角

泰安现代 XDCY-2 铲运机 ◀◀◀◀

泰安现代 XDCY-2 是中国泰安现代重工科技有限公司生产的轮式燃油型铲运机。

泰安现代 XDCY-2 可进行铲、装、运、卸一体化作业，结构紧凑、操作方便、作业功效高，适合回采出矿和巷道掘进出碴，以及工

基本参数	
类型	自行式铲运机
发动机	4.5升81千瓦4缸
长×宽×高(毫米)	7140×1770×2040
工作重量	12060千克
铲运斗堆装容量	2立方米
行驶速度	12千米/时

作场地和道路的修筑平整、材料运输等辅助作业。该铲运机搭载东方红 LR4M3Z-22 涡轮增压柴油发动机，功率大、排放低。采用液压先导转向，转向更平稳。行走系统采用液力变矩器、动力换挡变速箱，提高了操作的可靠性。工作系统采用先导操控，使操作更加简单，工作效率更高。停车制动为弹簧制动、液压释放，使制动安全可靠。尾气排放系统采用水过滤系统，极大地降低了空气污染。泰安现代 XDCY-2 的铲运斗铲刃采用高强度合金钢制造，耐磨抗剪切，减小了铲取阻力，使用寿命更长。

泰安现代 XDCY-2 的额定负载为 4000 千克，最大卸载高度为 1985 毫米，卸载距离为 730 毫米，最小转弯半径为 5550 毫米。

斗山 DL507-9C 装载机

　　斗山 DL507-9C 是韩国斗山工程机械公司生产的轮式燃油型装载机。

　　斗山 DL507-9C 整机重量较大且重心后移，装载和运输过程更平稳。其电喷发动机配备博世高压共轨燃油喷射系统，技术成熟可靠。三级燃油过滤系统使燃油更加清洁，并

基本参数	
类型	通用型装载机
发动机	9.7 升 162 千瓦 6 缸
长 × 宽 × 高 (毫米)	8000×2992×3450
工作重量	16800 千克
铲斗容量	2.7 立方米
行驶速度	37.7 千米 / 时

有燃油加热和自保护功能。单层结构散热器，确保发动机在高粉尘环境中也可保持合适的工作温度。硅油减震器和铰接减震器最大限度地过滤作业中的冲击。该装载机采用冲压成型驾驶室，空间大、噪声低，视野开阔，安全性高。数字仪表盘、可调方向机、豪华座椅，带来轿车般的操作体验。其铲斗刀板采用高耐磨材料，更大规格的销轴确保动臂拥有更高的承载能力。

　　斗山 DL507-9C 的额定负载为 5000 千克，最大掘起力为 164 千牛，最大牵引力为 168 千牛，动臂提升时间为 5.7 秒，举升、卸料、下降三项和时间为 10.9 秒。该装载机的燃油箱容量为 330 升，液压油箱容量为 250 升。

斗山 DL550 装载机

斗山 DL550 是韩国斗山工程机械公司生产的轮式燃油型装载机。

斗山 DL550 配备智能和负载传感液压系统，两个变量活塞泵提供精确的流量和压力，从而传送强劲、高效的力量，以便插入坚硬的物料。液压差速锁的标准配置强化了超常

基本参数	
类型	通用型装载机
发动机	12.7 升 294 千瓦 6 缸
长 × 宽 × 高（毫米）	9870×3400×3785
工作重量	31100 千克
铲斗容量	5.4 立方米
行驶速度	36 千米 / 时

的牵拉杆，发动机给予整机超强的动力和扭矩。因此，液压系统能够同时兼顾动力和速度。该装载机的驾驶室空间较大，拥有多个存储位置。检测监控装置非常完善，视野开阔。夜间工作时，能够为机器提供明亮的前后照明。其有 3 种正常工作模式，即经济模式、正常模式和动力模式。此外，还有一种终极模式，该模式能使装备进入一种完全依赖踏板进行加速而无须频繁换挡的快速工作状态。

斗山 DL550 的额定负载为 10000 千克，最大掘起力为 260 千牛，最大牵引力为 300 千牛，举升、卸料、下降三项和时间为 11.4 秒。该装载机的燃油箱容量为 522 升，液压油箱容量为 247 升。

斗山 DL550 装载机正在装车

斗山 DL550 装载机侧后方视角

晋工 JGM767KN 装载机

晋工 JGM767KN 是中国福建晋工机械有限公司生产的轮式燃油型装载机。

晋工 JGM767KN 搭载潍柴 WP10 电控高压共轨发动机，操作员可根据不同的工况需求选择重载、中载、轻载 3 种功率模式，实现节油降耗。

基本参数	
类型	通用型装载机
发动机	9.7 升 178 千瓦 6 缸
长 × 宽 × 高 (毫米)	8380×3100×3560
工作重量	21000 千克
铲斗容量	3.5 立方米
行驶速度	37 千米 / 时

双泵合流、转向优先的液压系统，工作效率高、能耗较低。液压油箱吸、回油采用高精度纸质滤芯，保证液压系统的清洁度。整机采用全液压双管路钳盘式制动系统，轮边单边 3 个制动钳，停车制动为软轴操纵夹钳式制动，主要制动元件选用高质量进口制动元件，制动安全可靠。日常维护不便的黄油加注处，通过润滑管路引至便于加注位置，保养维护更加方便。

晋工 JGM767KN 的额定负载为 6000 千克，最大掘起力为 200 千牛，最大牵引力为 185 千牛，动臂提升时间为 6.5 秒，举升、卸料、下降三项和时间为 12 秒。该装载机的燃油箱容量为 290 升，液压油箱容量为 290 升。

晋工 JGM787 装载机

晋工 JGM787 是中国福建晋工机械有限公司生产的轮式燃油型装载机。

晋工 JGM787 采用箱型结构车架，安全系数大，强度高，抗扭转能力强，能适合各种恶劣工况。中间铰接采用重载型圆锥滚子轴承设计，上、下铰接跨距大、强度高，承载能力强。

基本参数	
类型	通用型装载机
发动机	9.7 升 247 千瓦 6 缸
长 × 宽 × 高 (毫米)	9882×3561×4107
工作重量	34200 千克
铲斗容量	5 立方米
行驶速度	37 千米 / 时

结构件采用有限元分析，关键铰接点采用防尘设计，保证销轴良好的润滑度。该装载机采用定轴式电液换挡变速箱，有 4 个前进挡和 3 个后退挡，具有强制换低挡功能，操作简便，工作效率高。行车制动为全液压双管路钳盘式制动，停车制动为液控夹钳盘式制动。其采用防翻滚、防落物保护的驾驶室，支撑采用四点弹性悬挂，硅油减震，操作更加舒适、安全。

晋工 JGM787 的额定负载为 8000 千克，最大掘起力为 270 千牛，最大牵引力为 279 千牛，动臂提升时间为 6.9 秒，举升、卸料、下降三项和时间为 12.5 秒。该装载机的燃油箱容量为 322 升，液压油箱容量为 280 升。

卡特彼勒 950GC 装载机

卡特彼勒 950GC 是美国卡特彼勒公司生产的轮式燃油型装载机。

卡特彼勒 950GC 具有易操作、低油耗、性能出众及成本低、可靠耐用等特点。该装载机搭载卡特彼勒 C7.1 柴油发动机，其提供强劲高效的动力，且怠速管理系统可最大限

基本参数	
类型	通用型装载机
发动机	7 升 168 千瓦 6 缸
长 × 宽 × 高 (毫米)	8462×2994×3596
工作重量	18676 千克
铲斗容量	2.9 立方米
行驶速度	34 千米 / 时

度地减少油耗。负载感应液压系统，根据工况需要提供液压动力，系统可以同时实现大臂升降和铲斗咬合，从而提高作业效率。铲斗底板长、开口大，而且弧形侧板，极容易装料，100% ～ 110% 的满斗系数，改善了物料保持能力。久经考验的卡特彼勒 "Z" 形连杆几何结构可提供出色的料堆穿透力和高挖掘力，从而实现低油耗和出众的生产能力。集中式电气和液压服务中心设计，使日常检查及保养在地面即可完成，维修和保养变得安全、便利。

卡特彼勒 950GC 的额定负载为 10503 千克，最大掘起力为 147 千牛，动臂提升时间为 6.1 秒，举升、卸料、下降三项和时间为 10.1 秒。该装载机的燃油箱容量为 290 升，液压油箱容量为 120 升。

作业中的卡特彼勒 950GC 装载机

卡特彼勒 950GC 装载机侧面视角

卡特彼勒 966GC 装载机

　　卡特彼勒 966GC 是美国卡特彼勒公司生产的轮式燃油型装载机。

　　卡特彼勒 966GC 搭载卡特彼勒 C9.3B 柴油发动机，匹配卡特彼勒行星动力换挡变速箱。变速风扇可以调节，满足机型的冷却要求，降低燃油消耗、噪声水平和散热器堵塞。

基本参数	
类型	通用型装载机
发动机	9.3 升 239 千瓦 6 缸
长×宽×高（毫米）	9201×3271×3539
工作重量	21781 千克
铲斗容量	4.4 立方米
行驶速度	34.8 千米 / 时

技术成熟的 "Z" 形连杆与铸造横梁和倾摆杆相结合，具有挖掘效率高、挖掘力大的特点，从而具有出色的生产能力。宽敞的驾驶室以简单、直观的控制和出色的视野为特点，为操作员提供舒适的工作环境。先导式液压执行控制让操作舒适且省力。该装载机的发动机罩安装了宽大的翼展式开门，可舒适地到达所有维修保养点。针对难以接近的销钉，润滑油嘴采用集中布置，可以便利地进行简单、迅速的预防性润滑。

　　卡特彼勒 966GC 的额定负载为 6600 千克，最大掘起力为 164 千牛，最大牵引力为 164 千牛，动臂提升时间为 6.5 秒，举升、卸料、下降三项和时间为 12 秒。该装载机的燃油箱容量为 320 升，液压油箱容量为 120 升。

卡特彼勒 966GC 装载机侧面视角

卡特彼勒 966GC 装载机侧后方视角

卡特彼勒 980L 装载机

卡特彼勒 980L 是美国卡特彼勒公司生产的轮式燃油型装载机。

卡特彼勒 980L 搭载卡特彼勒 C13 柴油发动机，它将久经考验的电子、燃油和空气系统融合在一起，并且采用严格的组件设计和机器验证流程，实现无与伦比的可靠性、耐用性和正常运行时间。

基本参数	
类型	通用型装载机
发动机	12.5 升 303 千瓦 6 缸
长×宽×高(毫米)	9627×3296×4112
工作重量	30090 千克
铲斗容量	4.2 立方米
行驶速度	39.5 千米 / 时

重载行星式动力换挡变速箱和轮轴可经受极端应用场合的考验。全流量液压滤清系统提供额外的回路滤清功能，改进了液压系统的可靠性并延长了组件的使用寿命。该装载机的驾驶室舒适性较高，同时控制装置采用人体工程学设计，直观易用。落地窗式挡风玻璃、带集成盲点后视镜的大型后视镜以及后视摄像头，确保提供业界领先的周边视野。其日常检查及保养在地面即可完成，维修和保养变得安全、便利。

卡特彼勒 980L 的额定负载为 8000 千克，最大掘起力为 224 千牛，动臂提升时间为 5.3 秒，举升、卸料、下降三项和时间为 10.1 秒。该装载机的燃油箱容量为 426 升，液压油箱容量为 153 升。

卡特彼勒 980L 装载机正在装车

作业中的卡特彼勒 980L 装载机

卡特彼勒 986K 装载机

卡特彼勒 986K 是美国卡特彼勒公司生产的轮式燃油型装载机。

卡特彼勒 986K 的全箱型截面后机架能承受强大的扭转冲击力和扭曲力。重负荷转向油缸基座能将负载有效地传递到机架。铸造的枢轴安装区域可以更好地分散应力负载，

基本参数	
类型	通用型装载机
发动机	15.2 升 335 千瓦 6 缸
长×宽×高(毫米)	11143×3700×4100
工作重量	44818 千克
铲斗容量	5 立方米
行驶速度	39 千米/时

增强了结构的完整性。实心钢质提升臂采用"Z"形连杆设计，可以方便地观察铲斗刃和工作区域。关键销接部位使用整体式铸件，增强了结构强度。该装载机采用卡特彼勒行星式动力换挡变速箱，集成式电子控制装置能够实现均匀、平稳换挡和更高的效率。动力系统经过热处理的齿轮和轴延长了部件的使用寿命，最大限度地提升可靠性。四种前进速度和四种倒车速度能满足用户的应用需求。踩下行车制动器时，将使变速箱处于空挡位置，从而延长了行车制动器的使用寿命。

卡特彼勒 986K 的额定负载为 10000 千克，最大掘起力为 336 千牛，动臂提升时间为 9 秒，举升、卸料、下降三项和时间为 17.7 秒。该装载机的燃油箱容量为 535 升，液压油箱容量为 330 升。

卡特彼勒 986K 装载机侧面视角

卡特彼勒 986K 装载机正在装车

柳工 CLG862H 装载机

　　柳工 CLG862H 是中国广西柳工机械股份有限公司生产的轮式燃油型装载机。

　　柳工 CLG862H 的结构件采用新材料、新工艺、新结构，承载能力和使用寿命大幅提升。该装载机搭载康明斯 QSL9.3 电控发动机，配备

基本参数	
类型	通用型装载机
发动机	9.3 升 180 千瓦 6 缸
长×宽×高（毫米）	8628×3046×3467
工作重量	19500 千克
铲斗容量	3.5 立方米
行驶速度	40 千米/时

三级燃油过滤，更有效适应国内柴油品质。专业的高原、隧道模式（自动切换），有效解决在高原、隧道等恶劣环境下空气稀薄、黑烟及动力不足等问题，实现全区域覆盖。柳工 CLG862H 的驾驶室采用人体工程学设计，密封和隔音效果较好，操作员耳边噪声低，实现微增压，灰尘不易进入。该装载机配备柳工智能管家系统，通过终端设备，全面监控整机，实时了解整机数据，免除用户后顾之忧。

　　柳工 CLG862H 的额定负载为 6000 千克，最大掘起力为 195 千牛，最大牵引力为 192 千牛，动臂提升时间为 5.2 秒，举升、卸料、下降三项和时间为 10 秒。

作业中的柳工 CLG862H 装载机

柳工 CLG862H 装载机侧面视角

柳工 CLG890H 装载机

柳工 CLG890H 是中国广西柳工机械股份有限公司生产的轮式燃油型装载机。

柳工 CLG890H 搭载原装进口康明斯 QSM11 发动机，采用 6 缸直列单体泵高压电喷技术，技术成熟可靠。油路经过三级过滤，适用于国

基本参数	
类型	通用型装载机
发动机	10.8 升 261 千瓦 6 缸
长 × 宽 × 高 (毫米)	9352×3440×3765
工作重量	30600 千克
铲斗容量	5.4 立方米
行驶速度	38.2 千米 / 时

内市面正常销售的燃油。变速箱为德国进口的全自动变速箱，整机出厂时进行变速箱 AEB 标定，使每个离合器都工作在最佳状态，可靠耐用。该装载机采用智能温控马达驱动风扇系统，可根据环境温度调节风扇转速，减少能量损失。驾驶室空间较大，密封和隔音效果好，操作员耳边噪声低至 80 分贝，机外噪声为 111 分贝。驾驶室能够快速升温和降温，外界气温为 39℃时，驾驶室内气温可低至 22℃。

柳工 CLG890H 的额定负载为 9000 千克，最大掘起力为 245 千牛，最大牵引力为 277 千牛，动臂提升时间为 6 秒，举升、卸料、下降三项和时间为 11 秒。该装载机的燃油箱容量为 483 升，液压油箱容量为 402 升。

柳工 CLG890H 装载机俯视视角

柳工 CLG890H 装载机侧面视角

龙工 LG850N 装载机

龙工 LG850N 是中国龙工控股有限公司生产的轮式燃油型装载机。

龙工 LG850N 配置潍柴国三排放柴油发动机，采用电子控制元件（ECU），发动机动力性、经济性及排放等技术指标优良。发动机总成采用框架支撑，可大幅降低前端

基本参数	
类型	通用型装载机
发动机	9.3 升 162 千瓦 6 缸
长×宽×高 (毫米)	7490×3000×3320
工作重量	15850 千克
铲斗容量	2.7 立方米
行驶速度	36 千米 / 时

轮系故障。该装载机配置龙工控股有限公司自主研发的行星式变速箱、自制驱动桥、加强型传动轴，传动效率高，工作可靠。驾驶室采用全景式玻璃窗设计，视野开阔，几乎达到 360°全景可视。驾驶室弹性悬挂安装，机械悬浮航空座椅可以很好地吸收来自机器主体的冲击和震动，从而可以缓解操作员的疲劳，提高驾乘舒适性。用户可选装高效的空气循环空调系统，具备良好的除霜功能。

龙工 LG850N 的额定负载为 5000 千克，最大掘起力为 165 千牛，最大牵引力为 155 千牛，动臂提升时间为 6.5 秒，举升、卸料、下降三项和时间为 13 秒。该装载机的燃油箱容量为 340 升，液压油箱容量为 280 升。

龙工 LG855N 装载机

　　龙工 LG855N 是中国龙工控股有限公司生产的轮式燃油型装载机。

　　龙工 LG855N 搭载的康明斯 QSL 9.3 电控共轨柴油发动机，具有高效、节能、环保的特点。该装载机采用全新设计车架结构，应用有限元分析和机器人焊接技术，强度高、承载力大，确保满足各种复杂工况。大跨距对中布置车架结构，有着极强抗扭性和耐用性。配置加强型行星式变速箱和重载型驱动桥，关键零部件优化设计，可靠性高。铲斗斗板、斗齿和主刀板采用抗磨设计，强度高，整体经久耐用。龙工 LG855N 采用全液压负荷传感转向系统及双泵合流工作液压系统，举臂更快，掘起力更大，转向更轻且更节能。科学设计的自动放平技术可以有效简化操作，降低操作员的劳动强度，提高工作效率。驾驶室密封性好，匹配全景玻璃窗，作业视野更开阔。数字化组合仪表，准确显示各部件的工作状态，集成针式诊断接口，故障检测方便、快捷。

　　龙工 LG855N 可根据实际工况选配煤炭斗、岩石斗、侧卸斗、夹木叉、抓草叉等特殊属具。该装载机的额定负载为 5000 千克，最大掘起力为 175 千牛，最大牵引力为 163 千牛，举升、卸料、下降三项和时间为 10 秒。

基本参数	
类型	通用型装载机
发动机	9.3 升 162 千瓦 6 缸
长×宽×高 (毫米)	8256×3000×3380
工作重量	17200 千克
铲斗容量	2.8 立方米
行驶速度	36 千米 / 时

山工 SEM653F 装载机

山工 SEM653F 是中国山工机械有限公司生产的轮式燃油型装载机。

山工 SEM653F 采用长轴距设计，作业更加稳定，并有效改善了装载能力，作业效率更高且工况适应性更强。主铰接采用圆锥滚子轴承，承载能力更强，可靠性更好。动臂

基本参数	
类型	通用型装载机
发动机	9.7 升 162 千瓦 6 缸
长 × 宽 × 高（毫米）	8225 × 3016 × 3515
工作重量	16500 千克
铲斗容量	3 立方米
行驶速度	36 千米 / 时

与铲斗连接销轴双层密封，可靠性更高。先进机构设计配合高性能铲运斗，铲挖更轻松。铲运斗在最高位置卸料后，直接下降到地面位置，自动处于放平状态，减少二次操作铲运斗放平的时间，提高工作效率。该装载机采用卡特彼勒模块化设计散热器，在发动机最大负荷状态下可以满足在 43℃的恶劣环境下作业的能力。散热器整体安装悬浮式减震垫，保障在恶劣颠簸的工况下散热器的可靠性。散热器与发动机机罩之间安装密封板，避免热气回流，保障散热效果。

山工 SEM653F 的额定负载为 5000 千克，最大掘起力为 168 千牛，最大牵引力为 151 千牛。

山工 SEM653F 装载机侧面视角

作业中的山工 SEM653F 装载机

山工 SEM658F 装载机 《《《《

山工 SEM658F 是中国山工机械有限公司生产的轮式电动装载机。

山工 SEM658F 配备 282.6 千瓦时磷酸铁锂电池，可续航能力达 6 ～ 10 小时（实际续航能力会随着工况和作业环境的变化而变化），双枪快充仅需 50 分钟（240 千瓦充电桩条件下，电池剩余电量 20%）。该装载机采用山工机械有限公司自主研发的电控定轴变速箱，经久耐用，与电机一体化连接，减少了故障点。电器、线束、接头等 IP67 防水级别硬件，具备高防水性能。电子设备拥有三级漏电安全防护，配合自动保护程序，可确保人员、设备安全。山工 SEM658F 采用中央铰接形式，转向时前后轮胎轨迹重合，转弯半径更小，操纵更加灵活。由于没有发动机和变矩器的保养和易损配件费用，其维护保养成本大幅减少。

山工 SEM658F 的额定负载为 5500 千克，最大掘起力为 178 千牛，最大牵引力为 170 千牛。该装载机举升、卸料、下降三项和时间仅需 9.6 秒，速度快、效率高。

基本参数	
类型	通用型装载机
电池	磷酸铁锂电池
长×宽×高(毫米)	8616×3200×3465
工作重量	17600 千克
铲斗容量	2.6 立方米
行驶速度	35 千米/时

山工 SEM658F 装载机侧后方视角

山工 SEM658F 装载机侧面视角

山工 SEM665F 装载机

山工 SEM665F 是中国山工机械有限公司生产的轮式燃油型装载机。

山工 SEM665F 采用厚重、硬朗的家族式外形设计，视觉冲击力较强。其轴距超过 3.4 米，全转向倾翻载荷有效改善，整机稳定性得到极大提高。该装载机的驾驶室采用加

基本参数	
类型	通用型装载机
发动机	9.5 升 178 千瓦 6 缸
长 × 宽 × 高（毫米）	不详
工作重量	20020 千克
铲斗容量	2.8 立方米
行驶速度	39 千米 / 时

宽、高透明设计，视野开阔，操作环境温馨，各种操作装置触手可及。标配多向减震座椅、遮阳板、24V 充电电源、可调转向管柱等，有效提升了驾乘舒适性。四仪表设计的前仪表台，可选配倒车影像，进一步优化视野，配合 8 英寸液晶显示屏，实时监控车辆状态。山工 SEM665F 标配电控定轴变速箱，具备 KD 强降挡功能，配合双杆指尖灵动先导操纵，操作简单、工作高效。其可以选配不同种类的动臂以及各种工作机具，最大限度地满足不同客户的需求。多模式工作选择开关，可以根据工况选择不同的发动机功率曲线，燃油经济性更好。

山工 SEM665F 的额定负载为 6000 千克，动臂提升时间为 5.3 秒。该装载机能满足中等或重载工况中的多种需求，同时也适合砂石厂、煤炭货场和建筑工地等松散物的搬运，能持续满足高作业效率、高生产量的要求。

山工 SEM680D 装载机 《《《《

山工 SEM680D 是中国山工机械有限公司生产的轮式燃油型装载机。

山工 SEM680D 搭载珀金斯 2206D 柴油发动机，其缸体、缸头全部采用灰墨铸铁材料厚壁设计，降低噪声并增加刚度，加上珀金斯充分验证的机械驱动电控喷油系统，具有

基本参数	
类型	通用型装载机
发动机	13 升 232 千瓦 6 缸
长 × 宽 × 高 (毫米)	9166×3220×3566
工作重量	24140 千克
铲斗容量	4 立方米
行驶速度	37 千米 / 时

出色的可靠性和耐久性。该装载机的驾驶室采用人体工学设计，视野开阔，多向可调机械悬浮座椅和新风增压系统的加入，使驾驶环境更加舒适，操作员可连续作业较长时间。三级报警步进式组合仪表，可显示故障代码、挡位信息等，信息安全、清晰、准确。此外，还可选配监视系统，改善操作员的后视野，使驾驶更安全、更舒适。山工 SEM680D 的工作装置润滑点集中布置，保养非常方便。液压系统和制动系统带测压接头，方便压力检测。水箱护网可打开，方便清洗冷却模块。

山工 SEM680D 的额定负载为 8000 千克，最大掘起力为 224 千牛，最大牵引力为 224 千牛，动臂提升时间为 5.64 秒。

山推 L36K-G 装载机

山推 L36K-G 是中国山推工程机械股份有限公司生产的轮式燃油型装载机。

山推 L36K-G 采用加强型结构的前后车架，强度高、寿命长。轴距长达 3250 毫米，作业行走更加稳定。大开合铰接结构应力分散、维护方便，免维护圆锥滚珠轴承和密封润滑结构承载能力更大，更加适应恶劣工况。铰接对中设计，前后轮胎的运动轨迹一致，减小转向阻力，降低能耗并延长轮胎寿命。该装载机采用一体式驾驶室，密封性提升，噪声可控制在 80 分贝。新型步进数字化组合式仪表，车辆运行信息读取方便，及时准确提供车辆实时信息，实现故障自检和报警，确保主机运行高效、安全。各类操纵按钮优化设计，人机交互性强，长期工作不疲劳。

基本参数	
类型	通用型装载机
发动机	4.6 升 92 千瓦 4 缸
长×宽×高（毫米）	7330×2440×3300
工作重量	9700 千克
铲斗容量	1.7 立方米
行驶速度	41.5 千米／时

山推 L36K-G 的额定负载为 3000 千克，最大掘起力为 105 千牛，举升、卸料、下降三项和时间为 10.6 秒。该装载机的燃油箱容量为 150 升。

山推 LE59-X2 装载机

山推 LE59-X2 是中国山推工程机械股份有限公司生产的轮式电动装载机。

山推 LE59-X2 采用宁德时代 282 千瓦时磷酸铁锂电池组，动力强劲、性能可靠、续航时间长，满足 6～10 小时连续作业需求，双枪快充仅需

基本参数	
类型	通用型装载机
电池	磷酸铁锂电池
长×宽×高（毫米）	8880×3066×3433
工作重量	18000 千克
铲斗容量	4.8 立方米
行驶速度	42 千米 / 时

1 小时。大扭矩行走电机直接驱动变速箱，可实现零速到最高转速的无级调节，整机起步平稳，冲击小。全液压制动系统，具备制动能量回收功能，并且并联电辅助制动系统，行车更加安全可靠，能耗更低。工作装置操纵采用电液比例控制，操纵力更小，舒适性更高。该装载机采用整体式全密封驾驶室，降噪、防尘、隔热，视野开阔，配置高性能座椅、冷暖空调、倒车影像、蓝牙收音机、LED 大灯等，驾乘环境舒适，操作员耳旁噪声低至 73 分贝。数字化仪表的表盘界面新颖，显示内容丰富，便于监测整机工作状态及故障诊断。

山推 LE59-X2 的额定负载为 5500 千克，最大掘起力为 185 千牛，举升、卸料、下降三项和时间为 9.5 秒。

山东临工 L933H 装载机

山东临工 L933H 是中国山东临工工程机械有限公司生产的轮式燃油型装载机。

山东临工 L933H 转弯半径小，操作灵活，作业效率高。该装载机主要从事松土、砂土、砂石、煤炭、垃圾等中小型散装物料的短途铲装

基本参数	
类型	通用型装载机
发动机	6.5 升 92 千瓦 6 缸
长×宽×高(毫米)	7370×2520×3240
工作重量	10300 千克
铲斗容量	1.6 立方米
行驶速度	41 千米 / 时

与转运，广泛应用于港口、建筑工地、砂石厂、木料场等场合。山东临工 L933H 前后车架载荷分布合理，下铰接销采用圆锥滚子轴承，抗扭转能力强、可靠性高。铲斗底部耐磨板加厚设计，耐磨性好，更适合砂、石料场等高磨损工况。该装载机的驾驶室空间较大，减震密封好，舒适度高；视野开阔，长时间操作不易疲劳；操作手柄及开关布局合理，操控方便；步进式仪表盘，可识别性强，通俗易懂。

山东临工 L933H 的额定负载为 2700 千克，最大掘起力为 92 千牛，最大牵引力为 96 千牛，举升、卸料、下降三项和时间为 9 秒。最大卸载高度为 3278 毫米，对应卸载距离为 1020 毫米。

沃尔沃 L220H 装载机

沃尔沃 L220H 是瑞典沃尔沃建筑设备公司生产的轮式燃油型装载机。

沃尔沃 L220H 的设计以耐用性为本，具有坚固的车架结构，与沃尔沃动力传动系统完美匹配。液压驱动式冷却风扇用于调节零部件温

基本参数	
类型	通用型装载机
发动机	12.8 升 280 千瓦 6 缸
长×宽×高(毫米)	10380×3150×3730
工作重量	31200 千克
铲斗容量	4.3 立方米
行驶速度	36.5 千米 / 时

度，并且可以自动反转，对冷却装置进行自清洁。制动器采用外置式安装，并且前桥和后桥通过机油循环方式进行冷却，从而延长了使用寿命。用户可以使用各种专用附属装置来充分发挥沃尔沃 L220H 的性能。例如，在石料搬运作业时，为了提高举升力和稳定性，可选择石料叉、破碎锤钎杆和清理耙等；在木料搬运作业中，为了提高举升力和倾翻力，并实现更高的稳定性，可选择一系列通用抓斗、分拣叉和卸料抓斗。

沃尔沃 L220H 的额定负载为 20910 千克，最大掘起力为 244.5 千牛，动臂提升时间为 6.8 秒，举升、卸料、下降三项和时间为 11.6 秒。该装载机的燃油箱容量为 366 升，液压油箱容量为 226 升。

沃尔沃 L260H 装载机

沃尔沃 L260H 是瑞典沃尔沃建筑设备公司生产的轮式燃油型装载机。

沃尔沃 L260H 采用沃尔沃的新动力技术和升级的总成件，增加了有效载荷，提高了生产率。得益于动力强劲的发动机和新一代液压系统，该装载机铲斗下降和倾卸时所需的油液流量更少，从而降低了液压泵的功率消耗，可为其他功能提供更多动力，实现以更少的燃油完成更多的作业。配合使用新型干式驻车制动器，消除了内部湿式多片制动器产生的阻力损失。新一代负载传感式液压系统可提高附属装置响应性并提高大臂升降速度，实现更短的循环时间。沃尔沃 L260H 配备的车载称重系统避免了过载、欠载、重新称重和等待时间等情况，并且可以实时掌握铲斗负载情况。

沃尔沃 L260H 的额定负载为 23770 千克，最大掘起力为 328 千牛，动臂提升时间为 7.1 秒，举升、卸料、下降三项和时间为 13.1 秒。该装载机的燃油箱容量为 366 升，液压油箱容量为 226 升。

基本参数	
类型	通用型装载机
发动机	12.8 升 310 千瓦 6 缸
长×宽×高(毫米)	9670×3160×3720
工作重量	34000 千克
铲斗容量	5.3 立方米
行驶速度	36.5 千米/时

作业中的沃尔沃 L260H 装载机

沃尔沃 L260H 装载机在补充油料

沃尔沃 L350H 装载机

沃尔沃 L350H 是瑞典沃尔沃建筑设备公司生产的轮式燃油型装载机。

沃尔沃 L350H 具有强劲的动力和较高的舒适性，用户可以任意选择自己需要的附属装置。该装载机有 3 种液压模式（轻柔、正常或高效），操作员可以根据需要来设置。

基本参数	
类型	通用型装载机
发动机	16.1 升 397 千瓦 6 缸
长×宽×高（毫米）	11100×3400×4180
工作重量	53200 千克
铲斗容量	6.2 立方米
行驶速度	37.7 千米 / 时

舒适驾驶控制系统使操作员可以通过小手柄操纵机器，可缓解疲劳并提高生产率，对于快节奏的卡车装载作业尤为有效。沃尔沃专门开发的传动系统，能够在各种苛刻应用条件下与液压系统协调工作。沃尔沃 L350H 还配有沃尔沃专门设计的 ECO 踏板，可在操作员过度使用油门踏板时施加机械回推力，从而减少机器磨损，并提高燃油效率。

沃尔沃 L350H 的额定负载为 34440 千克，最大掘起力为 457 千牛，动臂提升时间为 8 秒，举升、卸料、下降三项和时间为 14.6 秒。该装载机的燃油箱容量为 581 升，液压油箱容量为 365 升。

沃尔沃 L350H 装载机正在装车

沃尔沃 L350H 装载机侧面视角

徐工 LW500FV 装载机 ◀◀◀◀

徐工 LW500FV 是中国徐工集团生产的轮式燃油型装载机。

徐工 LW500FV 轴距短、转弯半径小，机动灵活，具有卓越的场地适应能力。其配置多样，机具齐全，全面适应不同区域、不同工况的施工要求。前车架采用整体铸造耳座的翼箱结构，后车架采用变刚度折弯板焊接异型截面箱形大梁，承载能力强。前后车架铰接部位采用滚动轴承、关节轴承结构，承载能力强、作业稳定性高。单排大片距散热器，防止堵塞，易于清理。徐工 LW500FV 的驾驶室采用整体式骨架结构，空间较大，内饰精美，大量应用人体工程学设计。

徐工 LW500FV 的额定负载为 5000 千克，最大掘起力为 170 千牛，最大牵引力为 160 千牛，动臂提升时间为 12 秒。

基本参数	
类型	通用型装载机
发动机	10 升 162 千瓦 6 缸
长×宽×高(毫米)	7910×3016×3515
工作重量	16900 千克
铲斗容量	2.5 立方米
行驶速度	38 千米/时

徐工 LW500FV 装载机侧面视角

徐工 LW500FV 装载机侧前方视角

徐工 LW1100KV 装载机 <<<<

徐工 LW1100KV 是中国徐工集团生产的轮式燃油型装载机。

徐工 LW1100KV 是徐工 V 系列大吨位轮式装载机的主力机型，主要适用于各大矿山、物流、水泥及钢铁企业的生产作业。该装载机的前后车架采用重载设计，布置合理、结构简明，减少了压型和不规则焊缝，强化了重要承力部位。低转速、

基本参数	
类型	通用型装载机
发动机	15 升 291 千瓦 6 缸
长×宽×高 (毫米)	10139×3639×3950
工作重量	35000 千克
铲斗容量	5.5 立方米
行驶速度	36 千米 / 时

高扭矩的进口电控发动机，可切换标准模式及经济模式，满足不同工况需求，达到整机效率及油耗的绝佳匹配。全自动电控变速箱，具有空挡启动保护、挡位锁止功能、KD 降挡功能、动力切断功能、故障自诊断功能。徐工 LW1100KV 采用全封闭微增压冷暖空调驾驶室，内部宽敞，视野开阔，高性能减震座椅配合多方位可调转向柱可以满足不同操作员的使用要求。全新数字化组合式仪表具有故障诊断及报警功能，随动式操作手柄触手可及，操作舒适方便。

徐工 LW1100KV 的额定负载为 1100 千克，最大掘起力为 290 千牛，动臂提升时间为 6.6 秒，举升、卸料、下降三项和时间为 11.9 秒。

厦工 XG936K 装载机

厦工 XG936K 是中国厦工机械股份有限公司生产的轮式燃油型装载机。

厦工 XG936K 整机采用专业定制的平面大垫片，紧固效果更好，不易松脱。结构件采用有限元技术（FEM）优化设计，通过 20 万次超

基本参数	
类型	通用型装载机
发动机	6.4 升 92 千瓦 6 缸
长 × 宽 × 高（毫米）	7315×2420×3345
工作重量	10700 千克
铲斗容量	1.4 立方米
行驶速度	38 千米 / 时

万小时的高强度疲劳试验台，承载能力强、稳定性好。加强型重载驱动桥的性能可靠，适用于各种恶劣工况。整车 LED 灯具，功耗低、亮度高、使用寿命长，夜间作业更清晰、安全。驾驶室布局符合人体工程学要求，储物空间丰富，杯托、烟灰收纳盒、取电口等布置，方便取放随身物品和车载设备使用。仪表支持全生命周期整车远程故障诊断及历史数据、油耗、作业效率查询，维修保养提前预警提示。

厦工 XG936K 的额定负载为 3200 千克，最大掘起力为 105 千牛，最大牵引力为 100 千牛，动臂提升时间为 6 秒，举升、卸料、下降三项和时间为 10.4 秒。该装载机的燃油箱容量为 150 升，液压油箱容量为 160 升。

小松 WA1200-6 装载机

小松 WA1200-6 是日本小松公司生产的轮式燃油型装载机。

小松 WA1200-6 搭载强动力、大扭矩发动机，辅以大容量铲斗，生产性能卓越。该装载机有两种操作模式可供选择，能够控制挖掘期间的动力消耗，提高牵引力，缩短循环时间周期。小松 WA1200-6 的框架设计与液压管道、供电线路均充分考虑了严酷的作业环境，具备保持正常运转的可靠性与持久性。此外，还可通过动力、车速限制系统及惰性气体填充等方式延长轮胎的使用寿命。其驾驶室内操作空间充足，长时间操作不易疲劳。操作员可用操纵杆直接控制前进后退、高低升降等。

小松 WA1200-6 的额定负载为 12000 千克，最大掘起力为 1275 千牛，最大牵引力为 992 千牛，动臂提升时间为 14.8 秒，举升、卸料、下降三项和时间为 23.3 秒。该装载机的燃油箱容量为 5100 升，液压油箱容量为 1300 升。

基本参数	
类型	高卸型装载机
发动机	60 升 1165 千瓦 16 缸
长×宽×高(毫米)	18310×6550×6970
工作重量	216400 千克
铲斗容量	20 立方米
行驶速度	18.7 千米 / 时

小松 WA1200-6 装载机侧面视角

英轩重工 YX655HV 装载机

英轩重工 YX655HV 是中国山东英轩重工有限公司生产的轮式燃油型装载机。

英轩重工 YX655HV 采用箱型重载车架，铰接采用圆锥滚子轴承和关节轴承复合结构，坚固耐用。铲斗采用山钢集团优质板材，自动下料和焊接，质量可靠。侧刃和斗齿采用流线型设计，插入阻力小，满斗率

基本参数	
类型	通用型装载机
发动机	9.7 升 162 千瓦 6 缸
长×宽×高（毫米）	8370×3035×3440
工作重量	17590 千克
铲斗容量	3 立方米
行驶速度	38 千米/时

高。驱动桥角齿和盆齿采用新型合金材料，加厚设计，强度大幅提升。制动护板、轮边双密封、防逆呼吸器三级防尘设计，有效防止灰尘和污水的污染。驾驶室采用全密封整体式骨架结构、大曲面弧形全景玻璃，视野开阔，驾乘安全舒适。该装载机配备了先进的电控系统，数字化步进仪表盘及 CAN 总线通信技术的应用，带来较高的人机交互性，操作员长期工作不易疲劳。英轩重工 YX655HV 拥有丰富的属具资源，用户可根据工况需求进行选配。

英轩重工 YX655HV 的额定负载为 5000 千克，最大掘起力为 163 千牛，最大牵引力为 161 千牛，举升、卸料、下降三项和时间为 10.6 秒。

英轩重工 YX667HV 装载机

英轩重工 YX667HV 是中国山东英轩重工有限公司生产的轮式燃油型装载机。

英轩重工 YX667HV 轴距较长、掘起力大，主要适用于建筑、工程、铁路装卸、煤炭、港口物流等企业的生产作业。该装载机搭载潍柴电

基本参数	
类型	通用型装载机
发动机	9.7 升 178 千瓦 6 缸
长 × 宽 × 高 (毫米)	9005×3050×3585
工作重量	21830 千克
铲斗容量	3.5 立方米
行驶速度	39.5 千米 / 时

控高压共轨发动机，匹配行星式变速箱。驱动桥采用防逆呼吸器，防尘效果好，并且向上引出，涉水能力强，油液清洁度高，故障率低，使用寿命大幅延长。散热器采用单层并排大波距设计，风阻更小，空气流通性好，散热效率高。制动系统具有干燥反吹装置，减少储气筒放水次数。全封闭驾驶室空间宽敞，高靠背、高性能机械悬浮座椅具有良好的减震效果，长时间操作不易疲劳。英轩重工 YX667HV 采用整体后翻式机罩，配合电动举升系统，日常维护便捷。

英轩重工 YX667HV 的额定负载为 6000 千克，最大掘起力为 187 千牛，最大牵引力为 190 千牛，举升、卸料、下降三项和时间为 9.8 秒。该装载机的燃油箱容量为 305 升，液压油箱容量为 185 升。

常林 717H 平地机 《《《

常林 717H 是中国国机重工集团常林有限公司生产的轮式燃油型平地机。

常林 717H 搭载高效环保的上柴或东康涡轮增压柴油发动机，匹配久经考验的常林传动系统，在设计上特别强调零部件的强度和安全

基本参数	
类型	中型平地机
发动机	10.4 升 132 千瓦 6 缸
长×宽×高(毫米)	8630×2600×3370
工作重量	14500 千克
最大牵引力	75 千牛
行驶速度	49.2 千米/时

系数，性能可靠。简便可靠的全液压操纵，轻松实现全方位各种动作的调节，如铲刀提升、倾斜，回转，侧摆前轮和松土时，都有双作用的抗飘移的止回阀。该平地机采用单个齿轮油泵经分流阀向两个操纵阀供油，其中回转油路又合流，这样既保证了各动作的完成速度，又使整个系统的能耗较低。在工作装置提升、侧摆、车架铰接、前轮侧摆等多个回路上设置液压锁，实现动作的精确控制。

常林 717H 的铲刀长度为 3658 毫米，铲刀高度为 545 毫米，铲刀铲土深度为 535 毫米。该平地机还可选配前松土器、后松土器、前推土板、冷暖空调、自动找平、防落架等装置。

鼎盛天工 PY310M 平地机

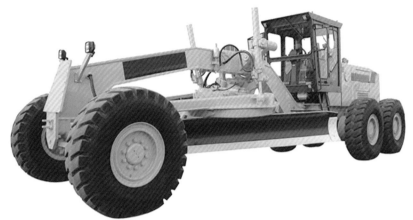

鼎盛天工 PY310M 是中国鼎盛天工工程机械股份有限公司生产的轮式燃油型平地机。

鼎盛天工 PY310M 搭载原装进口康明斯 M11-C 发动机，动力性能优异稳定，有足够的功率储备。其匹配德国采埃孚电控液力换挡变速

基本参数	
类型	重型平地机
发动机	10.8 升 228 千瓦 6 缸
长×宽×高 (毫米)	10500×3140×3650
工作重量	24000 千克
最大牵引力	126 千牛
行驶速度	40 千米 / 时

箱，有 6 个前进挡和 3 个后退挡，具有良好的操控性能。原装进口的驱动后桥中装有比例差速器，保证了一侧轮胎打滑，另一侧轮胎仍能提供足够的牵引力。中、后轮上还装有行星式减速器，工作性能稳定可靠。平衡箱采用齿轮传动，传动平稳，性能可靠。全液压恒流的转向系统，转向速度不受发动机转速的影响，并且系统中并联有紧急转向泵、转向阀，当发动机突然熄火时，紧急转向泵立即进入维持转向系统正常工作，从而极大提高了系统的工作可靠性。自动弹簧加载的停车制动系统，使平地机更安全，装有蓄能器，内压力偏低时自动报警，并在停车失灵时充当紧急制动。

鼎盛天工 PY310M 的铲刀长度为 4920 毫米，铲刀高度为 695 毫米，铲刀铲土深度为 470 毫米，铲刀倾斜角度为 65°，铲刀回转角度为 360°。

卡特彼勒 120K 平地机

卡特彼勒 120K 是美国卡特彼勒公司生产的轮式燃油型平地机。

卡特彼勒 120K 搭载卡特彼勒 C7 发动机，匹配动力换挡中间轴变速箱，可最大限度地将动力传递到地面。电子油门控制装置可通过优化功率和扭矩来帮助提高生产率，

基本参数	
类型	重型平地机
发动机	7.2 升 93 千瓦 6 缸
长×宽×高(毫米)	8265×2449×3326
工作重量	14340 千克
最大牵引力	75 千牛
行驶速度	47.5 千米 / 时

以满足应用场合的功率需求。发动机怠速停机功能可在经过设定的一段时间后关闭发动机，从而节省燃油，减少排放。地面发动机停机开关能让附近的任何人在紧急情况下关闭发动机。按需运转的液压风扇可以根据冷却需求自动调整转速，从而提高燃油效率。较大的铲刀角度、经过优化的刮土板曲度使物料能够更加自由地沿着铲刀滚动。铜制刮土板滑轨耐磨条位于平地铲安装总成和刮土板之间，可轻松调节和更换。该平地机的左侧维修区域靠近地面，可以加快维护速度并确保及时进行常规维修。

卡特彼勒 120K 的铲刀长度为 3700 毫米，铲刀高度为 610 毫米，铲刀提升高度为 410 毫米，铲刀铲土深度为 775 毫米。

卡特彼勒 120K 平地机侧前方视角

作业中的卡特彼勒 120K 平地机

凯斯 885B 平地机

　　凯斯 885B 是美国凯斯公司生产的轮式燃油型平地机。

　　凯斯 885B 配备动力换挡直接传动式变速箱，既可灵活地进行手动控制，以最精确地适应工作条件，也可在转换工作地点的途中自动换挡。多半径内旋犁板设计，增加了

基本参数	
类型	重型平地机
发动机	6.8 升 175 千瓦 6 缸
长×宽×高（毫米）	8534×2650×3150
工作重量	18040 千克
最大牵引力	95 千牛
行驶速度	44.8 千米 / 时

挖土容量，而所需的功率更低，从而提高了燃油经济性。后部的裂土器可配置多达 5 个尖齿，前部的松土器可配置多达 11 个尖齿。该平地机采用刚性轨道框架，比起悬浮轨道系统，运动部件更少，使其更耐用、更易于维护。易于保养的前翻式发动机罩，使工作人员能够更加方便地接近发动机组件和日常检查点。独有的地面燃油加注口配备可锁定的盖子，这样工作人员无须爬到机器上就可够到加注口。

　　凯斯 885B 的铲刀长度为 4267 毫米，铲刀高度为 671 毫米。该平地机的燃油箱容量为 341 升，液压油箱容量为 94.6 升。

凯斯 885B 平地机侧前方视角

作业中的凯斯 885B 平地机

柳工 CLG4200 平地机

柳工 CLG4200 是中国广西柳工机械股份有限公司生产的轮式燃油型平地机。

柳工 CLG4200 的驾驶室安装在前车架上，便于在转弯作业时，操作员与铲刀保持一致，使操作员工作更专注，更容易保障地面平整度，

基本参数	
类型	重型平地机
发动机	8.3 升 147 千瓦 6 缸
长 × 宽 × 高（毫米）	9165×2600×3500
工作重量	16000 千克
最大牵引力	88 千牛
行驶速度	42 千米 / 时

操作高效、便捷。驾驶室标配冷暖空调、音响设备、USB 接口等，为操作员提供了舒适的工作环境，提高施工效率。该平地机采用发动机直驱的散热风扇，散热风扇直接从发动机取力，高可靠、免维护。独特的吸风式散热系统允许弯曲通道进风，对散热器风阻的敏感性低，散热效率远高于吹风式散热系统，长时间使用后更显其高效、耐用。柳工 CLG4200 的铲刀可水平 360°回转，左右侧倾可达 90°。40°～ 70° 的入土调整范围可实现修平、开沟、挖堑、刮壁等多种作业。

柳工 CLG4200 的铲刀长度为 4270 毫米，铲刀铲土深度为 550 毫米，最小转弯半径（前轮外侧）为 7200 毫米。

洛阳路通 PY165C 平地机

洛阳路通 PY165C 是中国洛阳路通重工机械有限公司生产的轮式燃油型平地机。

洛阳路通 PY165C 是一种铰接自行式平地机，适合基础工程的大地面平整工作，也可用于挖沟、刮坡、推土、松土、除雪等作业，是建设

基本参数	
类型	重型平地机
发动机	5.9 升 125 千瓦 6 缸
长×宽×高(毫米)	8605×2695×3420
工作重量	15000 千克
最大牵引力	80 千牛
行驶速度	40.4 千米/时

高等级公路、铁路、机场、港口、堤坝、工业场地和农田平整的高效率施工设备。该平地机搭载康明斯或上柴中冷增压柴油发动机，动力强劲、性能可靠。德国采埃孚公司生产的变矩器与变速箱连成一体，6 个前进挡和 3 个后退挡满足作业和行驶过程中各种不同的工况。洛阳路通 PY165C 采用中央铰接机构和偏转式转向前轮，可实现整机蟹行。同时，其采用国际流行的摆臂式连杆机构作业装置，标配免维护滚盘式回转装置。双油缸控制铲土角可根据土壤硬度的不同，控制铲刀入土角度。

洛阳路通 PY165C 的铲刀长度为 3960 毫米，铲刀高度为 610 毫米。除铲刀外，该平地机还可选装前推土板和后松土器等装置。

三一 SMG200C-6 平地机

三一 SMG200C-6 是中国三一集团生产的轮式燃油型平地机。

三一 SMG200C-6 采用四连杆摆架，运动范围大，作业范围广。加厚、加宽超耐磨主刀片，使用寿命较长。根据不同工况，该平地机搭载的康明斯 QSC8.3 发动机可以自

基本参数	
类型	重型平地机
发动机	8.3 升 153 千瓦 6 缸
长×宽×高（毫米）	8946×2725×3353
工作重量	16920 千克
最大牵引力	88 千牛
行驶速度	43.8 千米 / 时

动匹配不同的功率曲线，从而降低油耗，减少使用成本。负载敏感液压系统，可根据外部负载大小按需分配流量，反应迅速、控制精准。智能风扇冷却技术，可实时检测动力系统温度，液压马达无级控制风扇转速，功率消耗低、噪声小。过载保护涡轮箱，可在必要时降低工作装置受到的冲击。

三一 SMG200C-6 的铲刀长度为 3660 毫米，铲刀高度为 620 毫米，铲刀提升高度为 480 毫米，铲刀铲土深度为 715 毫米，铲刀倾斜角度为90°，前轮转向角度为 50°。该平地机的燃油箱容量为 380 升，液压油箱容量为 120 升。

山工 922F 平地机

山工 922F 是中国山工机械有限公司生产的轮式燃油型平地机。

山工 922F 采用凸缘式箱型结构车架，确保连续高强度作业下的耐久性，延长结构件的使用寿命。牵引架是由两根方钢构成"A"形结构，耐久性和强度较好，使用寿命

基本参数	
类型	重型平地机
发动机	8.8 升 162 千瓦 6 缸
长 × 宽 × 高 (毫米)	8880×2630×3140
工作重量	16722 千克
最大牵引力	93 千牛
行驶速度	40 千米 / 时

长，故障率低。加强的变速箱护板，可为变速箱和尿素尾气处理罐提供全面保护。驾驶室位于前车架上，视野开阔，折腰动作时，也可清晰看到前轮内侧以及牵引架、齿圈、铲刀的位置，确保操作的安全性和准确性。负荷感应液压系统，提供精准的油缸速度，轻松实现精平整作业和精确控制。电液控制的七孔连杆机构，可自动实现一键换销，作业效率高。通过更换孔位可更好地调整铲刀与地面的角度，完成特殊作业。

山工 922F 的铲刀长度为 4300 毫米，最小转弯半径（前轮外侧）为 7800 毫米，前轮转向角度为 50°，最大铰接角度为 ±20°。

山推 SG21-G 平地机

山推 SG21-G 是中国山推工程机械股份有限公司生产的轮式燃油型平地机。

山推 SG21-G 适用于路基筑建、路面精平、物料散布、挖沟刮坡、积雪清除等多种作业功能，可覆盖多工况作业需求。该平地机是基于

基本参数	
类型	重型平地机
发动机	7.5 升 162 千瓦 6 缸
长 × 宽 × 高（毫米）	9700×2600×3358
工作重量	17000 千克
最大牵引力	93.3 千牛
行驶速度	40 千米 / 时

山推全新平台研发，采用液力传动，自适应性强，具有自动协调、分配负载等功能。其工作系统操纵灵活，行走电控操纵便捷、省力，驾驶室视野宽阔、舒适性好，能适应更加恶劣的作业环境，保养维修更加方便。山推SG21-G 可根据需求配置前推土板、后松土器、中松耙、前松耙以及多种长度的铲刀，满足不同工况的特殊需求。

山推 SG21-G 的铲刀长度为 4270 毫米（也可选配 3965 毫米、3600 毫米长度的铲刀），铲刀高度为 620 毫米，铲刀提升高度为 480 毫米，铲刀铲土深度为 970 毫米。该平地机的燃油箱容量为 330 升，液压油箱容量为 85 升。

山推 SG24-C5 平地机

山推 SG24-C5 是中国山推工程机械股份有限公司生产的轮式燃油型平地机。

山推 SG24-C5 主要适用于大型矿山、公路、铁路、机场等地面的路面平整、刮坡、填筑路堤以及其他重载工况作业。该平地机搭载潍

基本参数	
类型	重型平地机
发动机	7.5 升 176 千瓦 6 缸
长 × 宽 × 高 (毫米)	9445×2790×3560
工作重量	18500 千克
最大牵引力	97 千牛
行驶速度	46.9 千米 / 时

柴 WP7 电控发动机，其零件通用性强，维护保养成本较低。与发动机匹配的是德国采埃孚生产的电液控制动力换挡变速箱，具有 6 个前进挡和 3 个后退挡，可根据作业路况选择合适的挡位，实现行走与作业的最佳搭配。山推 SG24-C5 采用连杆式摆架，抗外力冲击能力强，适合作业量大、工作环境恶劣的工况场合。配置过载涡轮箱，可实现回转过载保护及带载回转，整车工况适应范围更广。驾驶室配备高效减震座椅、空调、收音机、衣帽钩、遮阳帘、储物盒、点烟器、灭火器等，提供更丰富的人性化驾乘体验。

山推 SG24-C5 的铲刀长度为 4270 毫米（也可选配 3965 毫米长度的铲刀），铲刀高度为 635 毫米，最小转弯半径（前轮外侧）为 8600 毫米。该平地机的燃油箱容量为 340 升。

山东临工 G9220H 平地机 ◀◀◀◀

山东临工 G9220H 是中国山东临工工程机械有限公司生产的轮式燃油型平地机。

山东临工 G9220H 的驾驶室安装在前车架上，视野开阔，在转弯、边角平整工作时，有利于观察铲刀两端状态，便于操作，提高作业精

基本参数	
类型	重型平地机
发动机	7.1 升 162 千瓦 6 缸
长 × 宽 × 高（毫米）	9235×2710×3240
工作重量	16700 千克
最大牵引力	86 千牛
行驶速度	39 千米 / 时

度。该平地机的前轮能左右摆动，后轮靠平衡箱前后摆动，路况高低不平时，靠轮胎摆动冲抵或减小铲刀的高度变化，作业精度高。燃油箱位于后车架后部，可实现地面加注燃油，安全方便，特别是在雨雪天气。山东临工 G9220H 的回转装置为外齿轮结构，不存土，有利于提高作业精度。该平地机采用模块化设计，附具安装位置预留螺栓孔，可根据需要快速安装前推土板、中松土器等附属装置。

山东临工 G9220H 的铲刀长度为 4267 毫米，铲刀高度为 610 毫米，铲刀铲土深度为 780 毫米，铲刀回转角度为 360°，前轮转向角度为 50°。该平地机的燃油箱容量为 270 升，液压油箱容量为 120 升。

徐工 GR3005 平地机

徐工 GR3005 是中国徐工集团生产的轮式燃油型平地机。

徐工 GR3005 改变了传统的多手柄操纵模式，用两个电控手柄可以操作原来所有的动作（包括转向在内），同时在操纵台的显示器上显示出手柄各个动作所代表的含义，操作员可以很直观地看出手柄的动作导致的油缸动作。针对矿用重载工况，该平地机配备了具有过载保护的摩擦片式涡轮箱，受冲击时可自动滑转，保护机器和人身的安全。其采用双回路液压制动系统，作用于四个中后轮上。同时采用可靠的多片式湿式制动，保证制动安全平稳。徐工 GR3005 的驾驶室配有可调式悬浮座椅、冷暖一体空调、雨刷器和除霜器等，增加了操作的舒适性。

徐工 GR3005 的铲刀长度为 4270 毫米，铲刀高度为 686 毫米，铲刀提升高度为 395 毫米，铲刀铲土深度为 488 毫米，铲刀倾斜角度为 65°，前轮转向角度为 40°。该平地机的燃油箱容量为 480 升，液压油箱容量为 210 升。

基本参数	
类型	重型平地机
发动机	8.9 升 242 千瓦 6 缸
长×宽×高 (毫米)	11950×3280×3960
工作重量	29500 千克
最大牵引力	140 千牛
行驶速度	40 千米 / 时

厦工 XG3240S 平地机

厦工 XG3240S 是中国厦工机械股份有限公司生产的轮式燃油型平地机。

厦工 XG3240S 搭载上柴 SC11 系列涡轮增压柴油发动机，配备杭齿液力六挡变速箱，有三挡工作速度选择，起步平稳、传动柔和、传

基本参数	
类型	重型平地机
发动机	11 升 175 千瓦 6 缸
长×宽×高（毫米）	9165×2595×3400
工作重量	16400 千克
最大牵引力	88 千牛
行驶速度	40.1 千米/时

递功率富余，工作稳定可靠。驱动桥具有三级减速，采用进口自动强制锁紧式（NOSPIN）差速器，具有防滑功能，在恶劣工况下也能顺畅通行。知名品牌液压元件组成的液压式、钳盘行车制动系统，可靠、操纵力小、维修保养方便。该平地机配备宽敞明亮、全视野、全封闭的驾驶室，标配空调，方向盘与操纵杆可调节角度和高低，操作舒适、轻便。

厦工 XG3240S 的铲刀长度为 4269 毫米，铲刀高度为 610 毫米，铲刀倾斜角度为 90°，铲刀回转角度为 360°。

利勃海尔 RL 64 吊管机 ◀◀◀◀

利勃海尔 RL 64 是德国利勃海尔公司生产的履带式燃油型吊管机。

利勃海尔 RL 64 根据现代管路铺设现场的要求而设计，作为一种通用机器，它还可用于管路运输，以及用作焊接设备、管路定向设备或压缩机的电源。

基本参数	
类型	通用型吊管机
发动机	12 升 275 千瓦 6 缸
长 × 宽 × 高 (毫米)	5795 × 5651 × 3555
工作重量	58800 千克
最大起吊量	90800 千克
行驶速度	10.5 千米 / 时

利勃海尔 RL 64 的主要特点是具有非对称履带架，并且动臂侧的大轨距允许对沟渠边缘直接进行操作。配重侧的窄轨距减小了所需工作的面积，并且方便了运输。所有行走和转向运动以及起重臂的操作，只需两个操作手柄即可完成控制，从而降低了错误操作的可能性。流体静力学行走传动机构为两条履带提供连续的动力，并且无须开关程序，因此，履带可以轻松越过陡坡。因为行走传动机构不会磨损，并且作为工作制动器使用，所以无须强化制动系统，即使在陡峭道路上也是如此。

作业中的利勃海尔 RL 64 吊管机

多台利勃海尔 RL 64 吊管机协同作业

卡特彼勒 PL87 吊管机 《《《《

卡特彼勒 PL87 是美国卡特彼勒公司生产的履带式燃油型吊管机。

卡特彼勒 PL87 具备提升能力和斜坡抓地能力强、操作方便、性能出色、运输方便等特征，能够满足用户的各种需求。带有差速转向的集成动力传动系统和液压系统协同

基本参数	
类型	通用型吊管机
发动机	15.2 升 238 千瓦 6 缸
长×宽×高(毫米)	3720×3860×3530
工作重量	55246 千克
最大起吊量	97976 千克
行驶速度	9.4 千米/时

工作，可提供任意吊管机应用所需的动力及出色的机器操控性能。电液压装置可为重负荷型绞盘的变速电机提供更好的响应和精确控制，从而提高机器生产率。该吊管机的发动机、变速箱和终传动等主要部件均采用模块化设计，可在维修期间更快地卸下，从而节约成本并减少停机时间。液压系统和动力传动系统滤清器以及燃油箱排放口位于机器后部，方便进行地面维修。测压口安装在液压系统内，便于快速监控。

卡特彼勒 PL87 配备机具操纵手柄，单手即可操作吊管机的所有机具控制装置和功能。操纵手柄采用人机工程学设计，操作省力、定位合理，可以同步对吊索、吊臂和可伸缩式配重进行精准定位。双制动踏板控制装置提高了机器的操控性和转向控制性能。

山推 SP90Y 吊管机

山推 SP90Y 是中国山推工程机械股份有限公司生产的履带式燃油型吊管机。

山推 SP90Y 属于大吨位管道起吊设备，整车配置的辅助强制制动系统，可极大提高坡道作业的安全性。液压系统采用了负载反馈、比

基本参数	
类型	通用型吊管机
发动机	15 升 257 千瓦 6 缸
长×宽×高(毫米)	5650×4100×3700
工作重量	57500 千克
最大起吊量	90000 千克
行驶速度	11.5 千米 / 时

例控制、过载保护系统等国际先进技术。卷扬、配重与液压系统协同性强、响应敏捷、安全可靠，提高了作业效率。低压卸荷技术的应用，使中位溢流损失更小，大幅减少了系统发热，提高了液压系统的工作效率。

山推 SP90Y 的吊钩、吊杆集中于一个操纵手柄，配重单独一个操纵手柄，均可方便、快捷地进行各种工况作业，微动性能较好，既保证了用户对精度的要求，又提高了作业效率。吊钩、吊杆卷扬液压马达具有极高的容积效率和优质的平衡阀，消除了卷扬的二次下滑和空钩抖动的现象。同时，吊钩卷扬所带的离合器实现了自由落钩功能。该吊管机装有力矩限制器系统，实时监测作业动态，保障起吊安全。

斗山 DA 40 自卸车

斗山 DA 40 是韩国斗山工程机械公司生产的轮式燃油型铰接式自卸车。

斗山 DA 40 采用六轮驱动，自由摆动的尾部串联转向架和特殊铰接系统的设计，使其具备了卓越的驾驶性能。铰接链位于转向环的后面，确保均匀的重力分配。倾斜的后车厢设计降低了车辆的重心点，提高了车辆的整体稳定性，可以更加快速和轻松地卸载货物，即使是在最恶劣的条件下，也能够保障提高工作效率。全自动的传动系统和流畅的换挡为操作员提供了最大的便利性和舒适性，便于其集中精力工作。

斗山 DA 40 的最小转弯半径为 8473 毫米。其装载容量为 20.4 立方米，车厢举升时间为 10 秒，车厢降落时间为 9 秒。该自卸车的燃油箱容量为 530 升。

基本参数	
类型	矿用型自卸车
发动机	12.7 升 368 千瓦 6 缸
长 × 宽 × 高 (毫米)	10590×3475×3850
空载重量	30300 千克
额定载重量	40000 千克
行驶速度	55 千米 / 时

作业中的斗山 DA 40 自卸车

斗山 DA 40 自卸车编队

卡特彼勒 773E 自卸车　《《《《

卡特彼勒 773E 是美国卡特彼勒公司生产的轮式燃油型非公路刚性自卸车。

卡特彼勒 773E 的机架采用低碳钢制造，柔韧性和耐用性较好，抗冲击负载能力强。在高应力部位采用铸件和锻造件，提高结构强度。

基本参数	
类型	矿用型自卸车
发动机	27 升 501 千瓦 12 缸
长 × 宽 × 高 (毫米)	9120×5076×4393
空载重量	43800 千克
额定载重量	55500 千克
行驶速度	62.2 千米 / 时

该自卸车搭载卡特彼勒 3412E 柴油发动机，匹配卡特彼勒七挡变速箱，实现平稳、快速作业。卡特彼勒 773E 的驾驶室配备了悬浮式座椅和先进的电子监控系统，控制装置和仪表布置合理，有助于提高生产率和驾乘舒适性。后轮油冷、盘式制动器经过精心设计和打造，操作可靠，无须调整，相比蹄式制动系统，具有更出色的性能和更长的使用寿命。

卡特彼勒 773E 的轴距为 4191 毫米，最小转弯半径为 12500 毫米。其装载容量为 26.6 立方米，车厢举升时间为 9.5 秒，车厢降落时间为 12.5 秒。该自卸车的燃油箱容量为 700 升，提升装置液压油箱容量为 133 升。

作业中的卡特彼勒 773E 自卸车

卡特彼勒 773E 自卸车侧前方视角

利勃海尔 T284 自卸车 <<<<

利勃海尔 T284 是德国利勃海尔公司生产的轮式燃油型非公路刚性自卸车。

利勃海尔 T284 采用高效的承力结构和高强度的材料，以尽量减轻车辆的结构重量，从而提高燃油经济性。此外，该自卸车还

基本参数	
类型	矿用型自卸车
发动机	95.4 升 3000 千瓦 20 缸
长×宽×高(毫米)	15690×9679×8294
空载重量	242000 千克
额定载重量	363000 千克
行驶速度	64 千米/时

使用了 Litronic Plus 交流电驱动系统，可以智能调节发动机的输出功率，并在怠速运行时节省燃料。利勃海尔 T284 可以选装三种发动机，其中最高等级的是输出功率 3000 千瓦的 MTU 20V4000 C23 柴油发动机。该发动机达到了欧洲四级排放标准，在保证动力输出高效可靠的同时，尽可能减小尾气对环境的伤害。它还采用了低速风扇、封闭发动机舱和定制化的排气管消音器来减小制造的噪声，对周边的环境保持最低限度的噪声污染。该自卸车的驾驶室采用人体工程学设计，为操作员提供安全、舒适、高效的工作环境。驾驶室内安装了空调，可以耐受极端气象条件，并且至少提供两条从地面到驾驶室的安全路线，方便操作员遇到危险时从驾驶室及时撤离。

利勃海尔 T284 的轴距为 6553 毫米，最小转弯半径为 17200 毫米。该自卸车没有标准的装载容量，因为所有货箱都是定制的。其燃油箱容量为 5351 升，提升装置液压油箱容量为 924 升。

利勃海尔 T284 自卸车侧前方视角

柳工 SGA3722 自卸车 《《《《

柳工 SGA3722 是中国广西柳工机械股份有限公司生产的轮式燃油型刚性自卸车。

柳工 SGA3722 的车架是由低碳高强度合金钢板组焊而成的等强度箱型结构，两根纵梁贯通前后，直通后尾梁，左右举升支座总成为贴

基本参数	
类型	矿用型自卸车
发动机	18.9 升 392 千瓦 6 缸
长×宽×高(毫米)	8330×4100×3963
空载重量	45000 千克
额定载重量	30000 千克
行驶速度	56 千米 / 时

挂式，结构简单、工艺性好。前悬挂由两个单腔油气悬挂缸和四根导向杆组成，后悬挂由两个单腔油气悬挂缸和一个前置"A"形架、一个后置横拉杆组成，具有良好的减震性。该自卸车的制动系统具有行车制动、停车制动、紧急制动、液压辅助制动等功能。制动分泵均为储能式复合制动气缸，即将行车制动和停车制动合二为一。储气筒增加电控排污功能，确保系统安全可靠。

柳工 SGA3722 的轴距为 4200 毫米，最小转弯半径为 10000 毫米。其装载容量为 21 立方米（标准平装），车厢举升时间为 25 秒，车厢降落时间为 18 秒。该自卸车的燃油箱容量为 500 升，提升装置液压油箱容量为 160 升。

三一 SRT55D 自卸车

　　三一 SRT55D 是中国三一集团生产的轮式燃油型非公路刚性自卸车。

　　三一 SRT55D 采用开阔平头式设计，极大地缩小了操作员的盲区范围，开阔了视野，在高密度的施工现场运行更加安全。其车梁采用

基本参数	
类型	矿用型自卸车
发动机	16 升 480 千瓦 8 缸
长 × 宽 × 高 (毫米)	9355×4860×4505
空载重量	43000 千克
额定载重量	55000 千克
行驶速度	57.5 千米 / 时

箱型截面设计，抗弯特性更好。双圈梁设计，整个车架刚度更高，抗扭特性更好。主体采用高强度、低合金钢材，焊接更牢固，抗断裂能力更强。高应力集中区均采用大弧面高强度铸钢结构，使车架刚度和韧性增强，极大提升了车架的抗冲击性。驾驶室配备机械悬浮座椅，有效衰减震动。各操作机键进行了充分的人机优化设计，操控更舒适。整车采用 CAN 总线技术，数据连续性实时传输，配置组合式液晶显示仪表，能够集中显示各类数据信息，实现故障智能自诊断功能，排除故障时效性较高。

　　三一 SRT55D 的轴距为 4310 毫米，最小转弯半径为 12000 毫米。其装载容量为 26 立方米（标准平装），车厢举升时间为 14 秒，车厢降落时间为 13 秒。

三一 SKT90E 自卸车　《《《《

三一 SKT90E 是中国三一集团生产的轮式纯电动非公路刚性自卸车。

三一 SKT90E 是一种短距离物料运输自卸车，主要适用于露天矿山开采以及石料、冶金、水利、水泥、建筑等行业的物料运输。其工作特点为零排放、高安全性、高经

基本参数	
类型	矿用型自卸车
电池	磷酸铁锂电池
长×宽×高 (毫米)	9028×3580×4270
空载重量	30000 千克
额定载重量	60000 千克
行驶速度	50 千米 / 时

济性、高能量回收、高动力性能、高出勤率、低运营费、低维护费。该自卸车采用低应力、高强度车架，有效避免车架断裂。搭载双电机，匹配 4 挡自动变速箱。动力电池为安全性较高的磷酸铁锂电池，能量密度高、续航里程长，充电只需 1 小时。三一 SKT90E 还引入了传统矿车全液压转向设计理念，解决常规重卡式机械转向导致转向沉重的问题。同时配置应急转向装置，解决常规产品失去动力后只能紧急制动、不能转向导致的安全事故。

三一 SKT90E 的轴距为 3852 毫米（前中轴距），最小转弯半径为 12500 毫米。其装载容量为 31 立方米（标准平装），车厢举升时间为 35 秒。

作业中的三一 SKT90E 自卸车

三一 SKT90E 自卸车侧前方视角

同力 TL875B 自卸车 <<<<

同力 TL875B 是中国陕西同力重工股份有限公司生产的轮式燃油型非公路刚性自卸车。

同力 TL875B 主要适用于各类露天矿山（露天煤矿、水泥矿、砂石骨料矿、露天铁矿、露天有色金属矿等）物料场地短途运输作业，

基本参数	
类型	矿用型自卸车
发动机	11.6 升 316 千瓦 6 缸
长 × 宽 × 高 (毫米)	9105×3470×3975
空载重量	30000 千克
额定载重量	60000 千克
行驶速度	40 千米 / 时

可在高寒、高海拔、高温、松软泥泞工况等各种极端环境中作业。

同力 TL875B 采用主副车架结构的柔性车架能够有效吸收和衰减车辆行驶时的冲击载荷，对车辆底盘和承载系统起到良好的保护作用，提高了车辆的可靠性和使用寿命。转向系统采用了双转向器转向技术，提高了转向系统的精确度及操纵的稳定性，系统可靠、转向轻便，极大保障了车辆的安全性。双 "V" 形推力杆悬架，保证车桥运动导向性好、受力均衡平稳，对路面的适应能力强。该自卸车采用 IBS 智能辅助制动控制系统，将发动机辅助制动、液力缓速器等辅助制动系统合理配置，并应用电子控制技术与主制动系统联动，在车辆下坡时自动识别并控制车辆速度，很好地解决了重载下坡制动的安全问题。

同力 TL875B 自卸车侧面视角

同力 TL875B 自卸车编队

沃尔沃 A45G 自卸车

沃尔沃 A45G 是瑞典沃尔沃建筑设备公司生产的轮式燃油型铰接式自卸车。

沃尔沃 A45G 借助久经验证的沃尔沃动力系统、自动驾驶组合（包括 100% 差速锁）、全地形转向架和液压机械转向装置，获得了

基本参数	
类型	矿用型自卸车
发动机	16.1 升 357 千瓦 6 缸
长 × 宽 × 高 (毫米)	11263×3430×3599
空载重量	30100 千克
额定载重量	41000 千克
行驶速度	57 千米 / 时

出色的越野性能。该自卸车具有多种功能，有助于操作员充分利用机器。巡航控制、下坡速度控制和坡道辅助等智能功能有助于操作员轻松、高效地控制车辆，提高各种条件下作业的安全性和生产率。其中，下坡速度控制功能在下坡操作时自动保持恒定速度，更好地替代了缓行踏板，使换挡更高效、更舒适。无论是对操作员、培训师、技术员还是现场工作人员来说，现场安全都是至关重要的，沃尔沃 A45G 具有出色的视野和高效的照明，结合制动测试和卸载辅助等多种安全功能，有助于保证车辆周围工作的每一个人的安全。

沃尔沃 A45G 的轴距为 4518 毫米（前中轴距），最小转弯半径为 8957 毫米。其装载容量为 19.7 立方米（标准平装），车厢举升时间为 12 秒，车厢降落时间为 10 秒。该自卸车的燃油箱容量为 480 升，提升装置液压油箱容量为 174 升。

作业中的沃尔沃 A45G 自卸车

沃尔沃 A60H 自卸车

沃尔沃 A60H 是瑞典沃尔沃建筑设备公司生产的轮式燃油型铰接式自卸车。

沃尔沃 A60H 配备主动液压前悬架，在恶劣环境下仍然能够高速运输，可以提高操作员的舒适性和行驶的稳定性。该自卸车具有卸载

基本参数	
类型	矿用型自卸车
发动机	16.1 升 470 千瓦 6 缸
长 × 宽 × 高 (毫米)	12225×3884×3833
空载重量	43750 千克
额定载重量	55000 千克
行驶速度	55 千米 / 时

辅助系统、动态沃尔沃发动机制动器、装载和卸载制动器以及坡道辅助系统等功能，有助于操作员提高生产率和安全性。中置的操作员座椅、出色的转向系统和悬架、低噪声水平、空调控制系统、充足的空间以及开阔的视野有助于缓解操作员的疲劳。得益于便捷的维修通道和可从地面触及的基本保养点，沃尔沃 A60H 的维护保养作业轻松快捷：前格栅向下摆动便可打开带防滑踏板的检修平台；电动发动机罩最大可开启至 90°，使维修人员能够全面、安全地检修发动机舱。

沃尔沃 A60H 的轴距为 5050 毫米（前中轴距），最小转弯半径为10014 毫米。其装载容量为 25.8 立方米（标准平装），车厢举升时间为 13秒，车厢降落时间为 10 秒。该自卸车的燃油箱容量为 750 升，提升装置液压油箱容量为 198 升。

沃尔沃 A60H 自卸车俯视视角

沃尔沃 A60H 自卸车侧前方视角

沃尔沃 R100E 自卸车

　　沃尔沃 R100E 是瑞典沃尔沃建筑设备公司生产的轮式燃油型非公路刚性自卸车。

　　沃尔沃 R100E 坚固耐用、重心低且重量分布均匀，可以将载荷冲击力和结构应力均匀分布在整辆卡车上，使车辆和轮胎具有更长的使

基本参数	
类型	矿用型自卸车
发动机	30 升 783 千瓦 12 缸
长 × 宽 × 高 (毫米)	10922×6986×5070
空载重量	69550 千克
额定载重量	95000 千克
行驶速度	50 千米 / 时

用寿命，同时极大地降低了运营成本。该自卸车的加压驾驶室配备空调控制系统，提供全方位的视野和充裕的储物空间及腿部空间，有助于缓解操作员长时间工作的疲劳。从可调座椅、触手可及的显示屏到灵敏的指尖控制装置，均采用符合人体工程学的布局，让操作员时刻集中注意力专心操作。沃尔沃 R100E 的所有保养点都进行了合理分组，工作人员站在地面和维修平台上即可操作。为了简化机械保养，该自卸车采用通用尺寸的轴承以及直接螺栓紧固式轮辋接头。

　　沃尔沃 R100E 的轴距为 4850 毫米，最小转弯半径为 11496 毫米。其装载容量为 41.1 立方米（标准平装），车厢举升时间为 11 秒，车厢降落时间为 13 秒。该自卸车的燃油箱容量为 1290 升，提升装置液压油箱容量为 420 升。

沃尔沃 R100E 自卸车编队

沃尔沃 R100E 自卸车侧前方视角

徐工 XDA40 自卸车

徐工 XDA40 是中国徐工集团生产的轮式燃油型铰接式自卸车。

徐工 XDA40 具有全轮驱动、折腰转向和后车无限制摆动的特点，使其能够适应狭窄、陡峭、泥泞的工作环境。该自卸车的车架采用优质低合金高强度钢制造，主要部件

基本参数	
类型	矿用型自卸车
发动机	16 升 350 千瓦 8 缸
长×宽×高 (毫米)	10690×3370×3793
空载重量	34000 千克
额定载重量	39000 千克
行驶速度	60 千米 / 时

采用铸件，提高车架的强度。重要焊缝 100% 经超声波探伤。徐工自主知识产权的全液压、流量放大式液压转向，方向盘路感较好、转向响应精度高、转向平稳。徐工 XDA40 采用全液压自冷式、湿盘式制动系统，发动机制动和变速箱液力缓行的组合式设计，降低了行车制动器的使用，确保了低运营成本和安全运输。车厢采用全焊接结构，由高强度 HB400 耐磨钢板制造，坚固耐用，与之配备的徐工铰卡专用举升系统，控制两个单级双作用举升缸，卸载货物安全、高效。

徐工 XDA40 的轴距为 4450 毫米（前中轴距），最小转弯半径为 8865 毫米。其装载容量为 17.5 立方米，车厢举升时间为 12 秒。该自卸车的燃油箱容量为 550 升，提升装置液压油箱容量为 300 升。

徐工 XDA40 自卸车正在卸料

徐工 XDA40 自卸车侧面视角

徐工 XDE400 自卸车

徐工 XDE400 是中国徐工集团生产的轮式电传动双桥刚性自卸车。

徐工 XDE400 的车架采用箱型截面设计，高强度优质合金钢板制造，具备优良的抗疲劳强度、抗低温冲击韧性和焊接性能。关键受力

基本参数	
类型	矿用型自卸车
发动机	95.4 升 2800 千瓦 20 缸
长 × 宽 × 高 (毫米)	15870×9600×7470
空载重量	260000 千克
额定载重量	400000 千克
行驶速度	60 千米 / 时

区域采用铸钢件，使用寿命更长。悬架系统采用 4 个油气比可变的油缸，能有效吸收路面的振动与冲击，延长车架使用寿命，提高驾驶的舒适度。车厢采用高强度耐磨板与低合金高强度调质钢焊接，使用寿命更长。车厢呈簸箕形，卸货效率更高，特殊设计的加强筋结构能够有效降低车厢重量，尾部梯形结构，装载效率更高。该自卸车采用原装进口 MTU（梅赛德斯 - 奔驰集团属下公司，是世界领先的柴油发动机制造商）高性能电控发动机，匹配徐工集团自主研制的交流电传动系统，安全可靠，故障率低，维护成本低。

徐工 XDE400 的轴距为 6850 毫米，最小转弯半径为 17000 毫米。其装载容量为 210 立方米（标准平装），车厢举升时间为 28 秒，车厢降落时间为 29 秒。该自卸车的燃油箱容量为 5300 升，提升装置液压油箱容量为 1700 升。

第 4 章　起重车辆

　　起重车辆主要用于搬运成件物品，配备抓斗后可搬运煤炭、矿石、粮食之类的散状物料，配备盛桶后可吊运钢水等液态物料。本章主要介绍起重车辆的主流车型，以在售车型为主，也有部分停产的经典车型。

柳工 TC700 起重机 <<<<

柳工 TC700 是中国广西柳工机械股份有限公司生产的汽车起重机。

柳工 TC700 采用全焊接防扭转大箱型车架，坚固稳定，承载能力强。该起重机搭载康明斯 ISLe375-30 高压共轨电喷发动机，采用双模式工作，实现低油耗经济运行。法士特 9 挡变速箱，爬坡性能优秀，

基本参数	
类型	重型汽车起重机
发动机（下车）	8.9 升 276 千瓦 6 缸
长×宽×高(毫米)	14000×2800×3800
整机重量	46000 千克
最大起重量	70000 千克
行驶速度	80 千米 / 时
最大起重力矩	2303 千牛·米

既可满足低速场地行驶要求，又可实现高速行驶。驾驶室遵行人体工程学设计，整体框架由冷轧不锈钢板制作，内部空间宽敞明亮，并排可乘坐 3 人。操作室采用推拉门设计，配备舒适性太空座椅，头枕、扶手以及座椅前后高度均可调节，并具备机械减震效果。柳工 TC700 采用先进的液压比例先导操纵手柄、稳定可靠的液压比例控制系统，并设置溢流阀、平衡阀、液压锁等安全装置，提高了系统的可靠性和安全性。

柳工 TC700 的主臂全伸长度为 44.8 米，副臂可选配为 9 米或 16 米。支腿的横向跨距为 7.6 米，纵向跨距为 6.2 米。最大起升高度为 44.5 米，主卷扬的最大单绳速度为 130 米 / 分。起重臂的全伸时间为 110 秒，全起时间为 50 秒。

柳工 TC1300C7 起重机 ◀◀◀◀

　　柳工 TC1300C7 是中国广西柳工机械股份有限公司生产的汽车起重机。

　　柳工 TC1300C7 采用五桥全地面起重机底盘，搭载潍柴 WP12.460 E50 柴油发动机。梨形截面 7 节主臂，匹配单缸插销伸缩系统、固定加长副臂，并可选装加长节及独立

基本参数	
类型	超重型全地面起重机
发动机（下车）	11.6 升 338 千瓦 6 缸
长×宽×高（毫米）	15700×3000×4000
整机重量	54990 千克
最大起重量	130000 千克
行驶速度	90 千米 / 时
最大起重力矩	5174 千牛·米

臂头。内藏式双独立卷扬，外啮合式双回转机构，组合式平衡重，闭式液压系统，主泵采用变量泵，同时辅以定量泵，起升采用变量马达、回转采用定量马达满足不同需要。该起重机全面应用起重机智能臂架技术，操作更安全可靠。同时采用计算机集成控制技术，支持多工况检测功能。

　　柳工 TC1300C7 的主臂全伸长度为 73 米，副臂标配为 31.4 米。支腿的横向跨距为 7.8 米，纵向跨距为 8.76 米。主卷扬的最大单绳速度为 130 米 / 分。起重臂的全伸（缩）时间为 650（600）秒，全起（落）时间为 70（100）秒。

雷萨 FTC85X6 起重机

雷萨 FTC85X6 是中国雷萨股份有限公司生产的汽车起重机。

雷萨 FTC85X6 采用雷萨自主生产的专用底盘，能适应大部分的路面状况，具有较高的起升高度和起吊能力，同时具有较高的作业效率。该起重机主要适用于建筑工地、城市改造、交通运输、港口、桥梁、

基本参数	
类型	超重型汽车起重机
发动机（下车）	9.5 升 276 千瓦 6 缸
长×宽×高(毫米)	14980×2830×3850
整机重量	50000 千克
最大起重量	85000 千克
行驶速度	80 千米 / 时
最大起重力矩	3528 千牛·米

油田、矿场等场所和其他复杂的作业环境。雷萨 FTC85X6 采用"U"形 6 节主臂、"H"形支腿，配备单缸插销伸缩系统，全自动完成吊臂伸缩控制。双变量泵负载敏感液压系统的作业平顺性较好，微动性能突出。0°～25° 可俯仰加宽操作室，使视野更开阔，采用 10.4 英寸触摸屏赫斯曼力矩限制器，分辨率高、色彩清晰、使用方便。卷扬监控系统采用 7 英寸显示屏，配置两个摄像头，主副卷扬监控影像可进行切换或分屏。

雷萨 FTC85X6 的主臂全伸长度为 63 米，副臂可选装为 10.5 米、17.5 米、26.5 米。支腿的横向跨距为 8 米，纵向跨距为 6.31 米。最大起升高度为 89.8 米，主卷扬的最大单绳速度为 130 米 / 分。起重臂的全伸时间为 500 秒，全起时间为 70 秒。

雷萨 FTC85X6 起重机侧前方视角

雷萨 FTC85X6 起重机侧面视角

三一 STC120T5 起重机 ◀◀◀◀

　　三一 STC120T5 是中国三一集团生产的汽车起重机。

　　三一 STC120T5 采用三一自主生产的加强型平底专用车架，配备"U"形截面高强度结构钢 5 节主臂。流线型驾驶室和全景天窗式操作室，都具有开阔的视野。驾驶室标配卧铺，驾乘更舒适。上车配备

基本参数	
类型	轻型汽车起重机
发动机（下车）	4.6 升 162 千瓦 4 缸
长×宽×高（毫米）	11350×2500×3540
整机重量	19400 千克
最大起重量	12000 千克
行驶速度	90 千米/时
最大起重力矩	550 千牛·米

高精度、高稳定性、高智能化的力矩限制器系统，全方位保护吊载作业。同时配置丰富的传感器件，及时反馈数据信息，实现实时监控，随时掌握整车工作状态。此外，还配有语音报警系统，对各种动作进行语音提示，防止误操作和对周围人员进行提示、报警，保障车辆作业和人员安全。该起重机采用三联齿轮泵液压系统，回转启动、制动过程中更为平稳，微动性更卓越。

　　三一 STC120T5 的主臂全伸长度为 37 米。支腿的横向跨距为 5.8 米，纵向跨距为 4.95 米。最大起升高度为 37.5 米，主卷扬的最大单绳速度为 120 米/分。起重臂的全伸（缩）时间为 80（60）秒，全起（落）时间为 35（60）秒。

三一STC250T5-6起重机

　　三 一 STC250T5-6 是中国三一集团生产的混合动力汽车起重机。

　　三 一 STC250T5-6 的动力装置为一台潍柴 WP9 柴油发动机和一台车规级永磁同步电机，匹配法士特 9挡带同步器变速箱。该起重机采用智能驾驶室和操作室，驾驶室配备了 7 英寸高清液晶组合仪表、12.1

基本参数	
类型	中型汽车起重机
发动机（下车）	8.8 升 228 千瓦 4 缸
长×宽×高（毫米）	13000×2550×3470
整机重量	34000 千克
最大起重量	25000 千克
行驶速度	90 千米 / 时
最大起重力矩	1191 千牛·米

英寸显示屏、多功能方向盘、空气悬浮座椅、自动空调等，并有足够的储物空间。操作室可以 0°～ 20° 变位，并配备了大面积分体式雨刮器、变轨滑移门、遥控电动滑移踏板、10.1 英寸显示屏、集成式三色灯、顶部双层遮阳帘等，前窗可 70° 开启，供操作员使用的无极电动调节座椅带有可平躺式靠背、触手可及按键开关、旋钮开关。三一 STC250T5-6 采用液压助力转向系统，结构简单、转向轻便。双变量柱塞泵智能流量分配系统，微动性好。

　　三 一 STC250T5-6 的主臂全伸长度为 42.5 米，副臂标配为 8 米。支腿的横向跨距为 6.4 米，纵向跨距为 5.4 米。最大起升高度为 60 米，主卷扬的最大单绳速度为 145 米 / 分。起重臂的全伸（缩）时间为 90（100）秒，全起（落）时间为 45（50）秒。

三一 STC550C5-1 起重机

三一 STC550C5-1 是中国三一集团生产的燃油型汽车起重机。

三一 STC550C5-1 采用高承载车桥，后桥采用橡胶悬架，行驶振动更小、更舒适。该起重机搭载玉柴 YCK09360-60 柴油发动机，匹配法士特 9 挡带同步器变速箱，挡位清晰、换挡轻便。上车采用双泵

基本参数	
类型	重型汽车起重机
发动机（下车）	9.4 升 265 千瓦 6 缸
长×宽×高（毫米）	14750×2800×3880
整机重量	44600 千克
最大起重量	55000 千克
行驶速度	85 千米/时
最大起重力矩	2156 千牛·米

智能流量分配系统，配备高效节能的品牌双联柱塞泵，复合动作微动性好。系统引入控制环节，可实现复合动作补偿控制、伸缩缓冲、落幅匀速控制等精确的动作控制技术，与液压控制系统相比，作业动作更精准、更平稳。三一 STC550C5-1 采用流线型全宽驾驶室、可变位全景天窗式操作室，配备先进的分布式集成总线数据通信网络，数据量大、速度快、稳定性高。

三一 STC550C5-1 的主臂全伸长度为 47.5 米，副臂标配为 16 米。支腿的横向跨距为 6.24 米，纵向跨距为 7.7 米。最大起升高度为 48 米，主卷扬的最大单绳速度为 145 米/分。起重臂的全伸（缩）时间为 100（110）秒，全起（落）时间为 60（70）秒。

三一 STC550C5-1 起重机侧面视角

三一 STC550C5-1 起重机侧后方视角

三一STC800E6起重机

三一STC800E6是中国三一集团生产的燃油型汽车起重机。

三一STC800E6采用卵圆形大截面6节主臂，主臂吊装幅度为50米。标配快换式双钩头吊钩（锚钩），重载换绳更快，受力更均匀。该起重机配备进口双联柱塞泵，满足精密吊装需求。双泵智能流量分

基本参数	
类型	超重型汽车起重机
发动机（下车）	11.6升294千瓦6缸
长×宽×高（毫米）	14970×2800×3920
整机重量	50000千克
最大起重量	80000千克
行驶速度	90千米/时
最大起重力矩	3499千牛·米

配系统，变幅独立，伸臂合流，复合动作操控性大幅提升。高度可靠的单缸插销伸缩技术，机、电、液三重保护，融合自动伸缩及伸缩缓冲技术，操作轻松自如。三一STC800E6采用20°可仰操作室，前方视野开阔，没有任何遮挡。配备140°可仰舒适座椅，可前后移动150毫米。

三一STC800E6的主臂全伸长度为58.5米，副臂和延伸臂分别标配为17.5米和9.5米。支腿的横向跨距为8米，纵向跨距为6.43米。最大起升高度为86米，主卷扬的最大单绳速度为130米/分。起重臂的全伸（缩）时间为480（500）秒，全起（落）时间为60（90）秒。

三一 STC900T 起重机 ◀◀◀◀

三一 STC900T 是中国三一集团生产的燃油型汽车起重机。

三一 STC900T 采用高强度矩形截面车架，吊载抗扭、抗弯能力较强。底盘配置前后配重支座，25 吨配重可随车转场，短距离运输无须卸载。底盘左右配置 300 毫米宽度踏板楼梯、铸造铝合金扶手，上车

基本参数	
类型	超重型汽车起重机
发动机（下车）	11.6 升 316 千瓦 6 缸
长 × 宽 × 高（毫米）	14960×2800×3985
整机重量	50000 千克
最大起重量	90000 千克
行驶速度	90 千米 / 时
最大起重力矩	3704 千牛·米

更舒适、安全。转台右侧配置检修楼梯，提供更方便、更快捷的卷扬和起重臂保养通道。该起重机采用"U"形大截面 5 节主臂，可选配 3.5 米鹅头臂，整车留有接口，可后期加装。三一 STC900T 的操作室提供各种人性化舒适设施，如立体 7 通道空调送风系统、前置空调按钮、薄膜开关按键、手机支座、水杯支架、后置置物平台等。

三一 STC900T 的主臂全伸长度为 50.6 米，副臂和延伸臂分别标配为 17.5 米和 9.5 米。支腿的横向跨距为 8 米，纵向跨距为 6.55 米。最大起升高度为 87.1 米，主卷扬的最大单绳速度为 135 米 / 分。起重臂的全伸（缩）时间为 140（150）秒，全起（落）时间为 70（90）秒。

三一 SAC6000 起重机 《《《《

三一 SAC6000 是中国三一集团生产的全地面起重机。

三一 SAC6000 采用三一集团自主生产的八桥全地面起重机专用底盘，第一、第二、第四、第五桥驱动，全桥转向，后桥电液辅助独立转向。油气悬架高度可大范围自动、主动调节，能适应各种恶劣路

基本参数	
类型	超重型全地面起重机
发动机（下车）	15.9升480千瓦8缸
长×宽×高(毫米)	22745×3000×4000
整机重量	96000千克
最大起重量	600000千克
行驶速度	75千米/时
最大起重力矩	18228千牛·米

况，使通过性能更卓越、驾驶更舒适。该起重机标配165吨配重，可遥控操作自行拆卸及安装，同时配置多种组合式可变平衡重，可满足不同工况的作业需求，最大限度地发挥结构件性能。操作室采用耐腐蚀钢板，配备全覆盖软质内饰、全景天窗、可调式座椅等人性化设计。主卷扬采用闭式卷扬系统，效率高、能量损耗低，卷扬微动性、平稳性好。同时配备四级保护系统，确保卷扬系统更安全、更可靠。

三一 SAC6000 的主臂全伸长度为 90 米，副臂标配为 42 米。支腿的横向跨距为 10.8 米，纵向跨距为 10.8 米。最大起升高度为 136 米，主卷扬的最大单绳速度为 130 米/分。起重臂的全伸时间为 1100 秒，全起时间为 110 秒。

三一 SAC6000 起重机侧前方视角

三一 SAC6000 起重机侧后方视角

三一SAC2000T 起重机 ◀◀◀◀

　　三一SAC2000T 是中国三一集团生产的全地面起重机。

　　三一SAC2000T 采用稳定、高品质的主油泵、主阀、卷扬马达、回转马达、平衡阀等关键液压件，系统可靠性高。同时，通过精确的参数匹配，操控性能优越。回转系统带有集成回转缓冲阀，具有自由

基本参数	
类型	超重型全地面起重机
发动机（下车）	12.8升360千瓦6缸
长×宽×高(毫米)	15100×3000×4000
整机重量	60000千克
最大起重量	200000千克
行驶速度	80千米/时
最大起重力矩	6800千牛·米

滑转功能，回转启动和控制平稳，微动性好。采用集成一体智能控制电气系统的总线仪表，可随时掌控行驾参数，使驾乘更轻松。同时，拥有发动机故障提示功能，维修排故方便、快捷。操作室空间宽敞，采用安全玻璃和耐腐蚀钢板，配备软质内饰、可调式座椅、电动雨刮器、空调等，舒适性较高。

　　三一SAC2000T 的主臂全伸长度为 68 米。支腿的横向跨距为 8.3 米，纵向跨距为 8.5 米。最大起升高度为 112 米，主卷扬的最大单绳速度为 130 米/分。起重臂的全伸（缩）时间为 660（660）秒，全起（落）时间为 60（90）秒。

三一 SRC350 起重机

三一 SRC350 是中国三一集团生产的越野起重机。

三一 SRC350 采用 PROE、有限元分析、模拟仿真分析等高科技软件优化设计，最大限度地利用材料力学性能，自重更轻、机动性更高。该起重机采用四轮驱动，动力性能较好。全液压动力转向，具有 4 种

基本参数	
类型	中型越野起重机
发动机（下车）	6.7 升 119 千瓦 6 缸
长×宽×高(毫米)	12150×2625×3410
整机重量	32300 千克
最大起重量	35000 千克
行驶速度	37 千米 / 时
最大起重力矩	1139 千牛·米

转向模式，机动性能较好。最小转弯半径不大于 6.2 米，复杂路况的通过性和舒适性较好。液压系统负载反馈、恒功率控制，吊载能力强、微动性好。独特的回转缓冲设计，制动更平稳。三一 SRC350 配备了具有全方位智能保护系统的力矩限制器，精度在 10% 以内。

三一 SRC350 的主臂全伸长度为 31.5 米，副臂为 13.7 米，副臂安装角度为 0°、15°、30°，可提供多种作业模式。支腿的横向跨距为 6.15 米，纵向跨距为 6.15 米。最大起升高度为 47.4 米，主卷扬的最大单绳速度为 140 米 / 分。起重臂的全伸（缩）时间为 55（39）秒，全起（落）时间为 43（57）秒。

三一 SCC2800A 起重机 ◀◀◀◀

三一 SCC2800A 是中国三一集团生产的履带起重机。

三一 SCC2800A 搭载康明斯 QS L8.9-C325 发动机，噪声较小，燃油经济性较好。该起重机的底盘轨距较大，整机稳定性较强。采用免维护的支重轮、拖链轮、导向轮，支重轮的直径较大，经久耐用。

基本参数	
类型	超重型履带起重机
发动机（下车）	8.9 升 242 千瓦 6 缸
长×宽×高（毫米）	13320×3000×3200
整机重量	168000 千克
最大起重量	280000 千克
行驶速度	1.2 千米 / 时
最大起重力矩	15876 千牛·米

驱动轮采用迷宫式驱动，与标杆保持一致，耐磨性强，不易脱轨。三一 SCC2800A 采用负载独立流量分配系统，流量分配与负载压力无关，有效保证复合动作的稳定性。减速机制动、防爆阀双重安全保护，确保重物安全。

三一 SCC2800A 的主臂长度为 20 ～ 86 米，3 米递增。变幅副臂长 21 ～ 63 米，可安装在 26 ～ 62 米的主臂上，最长主臂 + 副臂组合为 62 米 + 63 米。固定副臂长 13 ～ 42 米，可安装在 29 ～ 62 米的主臂上，最长主臂 + 副臂组合为 62 米 +42 米。该起重机的最大卷扬速度达 130 米 / 分，作业高效。

作业中的三一 SCC2800A 起重机

山河智能 SWRT25J 起重机 ◀◀◀◀

　　山河智能 SWRT25J 是中国山河智能装备股份有限公司生产的越野起重机。

　　山河智能 SWRT25J 主要适用于电力建设、桥梁施工、石油化工、水利水电建设等行业。其尺寸较小，结构紧凑，操控性、行驶通过性较好。转弯半径小，适应狭小区

基本参数	
类型	中型越野起重机
发动机（下车）	6.7 升 179 千瓦 4 缸
长×宽×高（毫米）	9175×2495×3440
整机重量	27500 千克
最大起重量	25000 千克
行驶速度	55 千米 / 时
最大起重力矩	862 千牛·米

域作业。该起重机搭载进口康明斯 QSB6.7-C240 柴油发动机，动力强劲，功率储备达 20%。其配备了可靠的智能控制系统：动力传动系统故障自诊断，起重特性及支腿作业状况自判断，起重特性自动切换。

　　山河智能 SWRT25J 的六边形截面 5 节主臂的全伸长度为 28 米，副臂标配为 10.7 米。支腿的横向跨距为 6.31 米，纵向跨距为 6 米。最大起升高度为 38.7 米，主卷扬的最大单绳速度为 135 米 / 分。起重臂的全伸（缩）时间为 65（50）秒，全起（落）时间为 45（40）秒。

徐工 XCT8L4 起重机

徐工 XCT8L4 是中国徐工集团生产的汽车起重机。

徐工 XCT8L4 整机采用空气动力学外形，线条简洁流畅，采用新型色彩涂装，彰显现代感与科技感。机棚采用高分子材料，运用个性化"蜂巢"元素，前后呼应、庄重大气。全覆盖式走台板采用铝合金型

基本参数	
类型	轻型汽车起重机
发动机（下车）	4.3 升 103 千瓦 4 缸
长×宽×高（毫米）	9375×2400×3240
整机重量	12300 千克
最大起重量	8000 千克
行驶速度	90 千米 / 时
最大起重力矩	302 千牛·米

材，品质感强。采用人体工程学设计的把手和扶梯，攀爬方便可靠。平头驾驶室带卧铺功能，驾乘舒适性较高。该起重机采用 4 节主臂、"H"形支腿，起重能力及作业范围在同级产品中名列前茅。创新单板臂头与紧凑式臂尾结构，吊臂承载力较强。其配备智能化工况自动规划技术，操作员只需输入关键吊装信息，系统自动推荐最佳工况，查询快捷、准确。

徐工 XCT8L4 的主臂全伸长度为 25.5 米。支腿的横向跨距为 4.7 米，纵向跨距为 4.3 米。主卷扬的最大单绳速度为 130 米 / 分。起重臂的全伸时间为 40 秒，全起时间为 28 秒。

徐工 QY25K-Ⅱ 起重机 ◀◀◀◀

徐工 QY25K-Ⅱ是中国徐工集团生产的汽车起重机。

徐工 QY25K-Ⅱ主要适用于城市建设、交通运输、港口、桥梁、油田、工矿企业等场所的起重安装作业。该起重机采用徐工集团自制的专用汽车起重机底盘，全覆盖走台板，经典 K 系列外观造型，操作简

基本参数	
类型	中型汽车起重机
发动机（下车）	9.7 升 213 千瓦 6 缸
长×宽×高（毫米）	12650×2500×3380
整机重量	29400 千克
最大起重量	25000 千克
行驶速度	75 千米/时
最大起重力矩	1010 千牛·米

便、灵活。主要结构件采用自动焊接技术，可靠性高。八边形起重臂，具有超强的吊重能力。插入式臂头，加长嵌入式滑块，吊重变形小，伸缩平稳。徐工集团自主研发的负载敏感系统，操控平顺、高效节能。大扭矩起点液压马达，保证二次起升不下滑。专有单缸插销伸缩技术，提高伸缩系统的主动安全性。采用数字总线技术的力矩限制器，抗干扰能力强、故障率低。

徐工 QY25K-Ⅱ的主臂全伸长度为 34.19 米，副臂标配为 8.11 米。支腿的横向跨距为 6 米，纵向跨距为 5.14 米。最大起升高度为 34 米，主卷扬的最大单绳速度为 120 米/分。起重臂的全伸时间为 100 秒，全起时间为 75 秒。

徐工 QY25K- Ⅱ起重机侧前方视角

徐工 QY25K- Ⅱ起重机侧面视角

徐工 XCT55L6 起重机

徐工 XCT55L6 是中国徐工集团生产的汽车起重机。

徐工 XCT55L6 突破 50 吨以下起重机产品 5 节主臂的限制，实现 6 节 50 米单缸插销伸缩主臂，作业范围达 80 吨级产品水平。上车作业应用新型电比例节能液压系统，智能控制系统功率消耗和操作状态，最

基本参数	
类型	重型汽车起重机
发动机（下车）	10.5 升 268 千瓦 6 缸
长×宽×高（毫米）	13650×2450×3770
整机重量	44000 千克
最大起重量	55000 千克
行驶速度	90 千米 / 时
最大起重力矩	2058 千牛·米

大限度地降低了液压系统功率的损失。低速大扭矩的动力传动匹配泵 - 阀联合控制的新型液压系统，上车操控微动性和平顺性大幅提升，满足用户精准的吊装需求。该起重机集作业工况自动规划、变幅自动补偿、卷扬随动功能的智能臂架技术于一体，配以达到家用轿车水平的人机操控系统，打破了传统起重机的操控理念，实现了工程机械产品更先进的智能操作体验。

徐工 XCT55L6 的主臂全伸长度为 50 米，副臂标配为 16 米。支腿的横向跨距为 8 米，纵向跨距为 7.3 米。主卷扬的最大单绳速度为 130 米 / 分。起重臂的全伸时间为 350 秒，全起时间为 50 秒。

徐工 XCT55L6 起重机侧前方视角

徐工 QY130K-I 起重机 ◄◄◄

徐工 QY130K-I 是中国徐工集团生产的汽车起重机。

徐工 QY130K-I 集全地面起重机、汽车起重机技术于一身，强大的椭圆形 6 节主臂，采用的是在徐工全地面起重机系列产品上已成熟运用的单缸插销自动伸缩系统，起重臂有多种可变伸缩组合。该起重

基本参数	
类型	超重型汽车起重机
发动机（下车）	12.5 升 353 千瓦 6 缸
长×宽×高（毫米）	14980×3000×3990
整机重量	54900 千克
最大起重量	130000 千克
行驶速度	80 千米 / 时
最大起重力矩	4998 千牛·米

机配置 3 节超长副臂，设置副臂摆臂油缸装置及副臂自升起装置，拆装方便。底盘为六轴专用底盘，12×6 驱动、12×8 转向，充分借鉴了全地面起重机的底盘悬挂技术，加大了车轮上下跳动量（达 100 毫米以上），形成了自成一格的双纵臂纵置板簧式平衡悬挂，通过采用双纵臂，对轴的约束达到最佳状态，保证了传动系部件的高可靠性，转弯半径小，越野性能强大。

徐工 QY130K-I 的主臂全伸长度为 58 米，副臂可选配为 11.5 米、20 米、28 米。支腿的横向跨距为 7.6 米，纵向跨距为 7.56 米。最大起升高度为 86 米，主卷扬的最大单绳速度为 115 米 / 分。起重臂的全伸（缩）时间为 420（400）秒，全起（落）时间为 60（60）秒。

徐工 QY130K- Ⅰ起重机侧后方视角

徐工 QY130K- Ⅰ起重机侧前方视角

徐工 QAY180 起重机

徐工 QAY180 是中国徐工集团生产的全地面起重机。

徐工 QAY180 搭载动力强劲的进口梅赛德斯-奔驰 OM460LA 电喷发动机、进口 12 挡自动变速箱，采用 10×6 驱动形式（第二、第四、第五桥为驱动桥）、10×10 全桥转向形式。该起重机采用新型

基本参数	
类型	超重型全地面起重机
发动机（下车）	12.8 升 360 千瓦 6 缸
长×宽×高(毫米)	15770×3000×4000
整机重量	60000 千克
最大起重量	180000 千克
行驶速度	80 千米 / 时
最大起重力矩	5420 千牛·米

单缸伸缩臂技术，大量使用高强度进口钢材，自重更轻、性能更强。电液比例控制多桥转向模式，可实现多种转向工作模式。徐工集团自主研发的自组合平衡重技术，能有效提升中长臂吊重性能。舒适的上下车驾驶室及支腿操作，尽显人性化设计理念。

徐工 QAY180 的主臂全伸长度为 62.5 米，副臂标配为 27.5 米。支腿的横向跨距为 8.3 米，纵向跨距为 8.9 米。主卷扬的最大单绳速度为 115米 / 分。起重臂的全伸时间为 500 秒，全起时间为 80 秒。

行驶中的徐工 QAY180 起重机

徐工 QAY180 起重机侧前方视角

徐工 XCA1200 起重机

徐工 XCA1200 是中国徐工集团生产的全地面起重机。

徐工 XCA1200 首创风电臂自翻转技术，利用超起装置牵引、多级翻转缸顶推，实现风电臂自动翻转，过程安全、高效，可在 25 分钟内完成自动翻转，实现机位间转场携带全部作业臂架，整机收车时

基本参数	
类型	超重型全地面起重机
发动机（下车）	15.9 升 482 千瓦 8 缸
长×宽×高（毫米）	19695×3000×4000
整机重量	88000 千克
最大起重量	1200000 千克
行驶速度	80 千米 / 时
最大起重力矩	35280 千牛·米

间最短为 2 小时，大幅降低转场成本。同时，该起重机首创机械六桥驱动技术，配合自主研发的大速比液压辅助驱动，携带主臂、超起、风电臂、前后支腿重载转场，爬坡能力达 38%。借助重载单横臂独立悬架系统，其左右车轮单独跳动，车身姿态自适应调平，自适应路况，大幅提升了高速转弯时的操控稳定性，越野性能优异。

徐工 XCA1200 的主臂全伸长度为 102 米，副臂标配为 29 米。支腿的横向跨距为 13 米，纵向跨距为 13 米。最大起升高度为 128 米，主卷扬的最大单绳速度为 136 米 / 分。起重臂的全伸时间为 2600 秒，全起时间为 220 秒。

徐工 XGC260 起重机

徐工 XGC260 是中国徐工集团生产的履带起重机。

徐工 XGC260 造型美观、整车布局合理，主要适用于交通建设、城建施工、石化炼油、煤炭电力、港口码头等吊装市场。它打破传统的履带起重机的设计理念，根据自身结构形式，并结合地铁施工建设

基本参数	
类型	超重型履带起重机
发动机（下车）	8.9 升 242 千瓦 6 缸
长 × 宽 × 高 (毫米)	13200×3000×3200
整机重量	239000 千克
最大起重量	260000 千克
行驶速度	1.2 千米 / 时
最大起重力矩	14210 千牛·米

中盾构设备吊装的特点，开创了一种在盾构吊装施工中的新工法，即用一台履带起重机（260 吨级）吊装来代替以往需要两台起重机（主吊 500 吨级、副吊 130 吨级）抬吊完成的工作。

徐工 XGC260 配备 93 米主臂和 66 米塔臂，集先进的智能控制系统和全新的自拆装技术于一体，实现整机优化配置，在节能、高效、可靠性等方面取得重大突破。该起重机经过全工况分级吊装载荷计算，分别提供每种平衡重组合负荷表，配有 80 吨、90 吨、100 吨自成体系转台平衡重载荷表，充分考虑用户经济购机及转运成本，让用户的工况选用更加丰富。

徐工 XGC88000 起重机

徐工 XGC88000 是中国徐工集团生产的桁架臂式履带起重机。

徐工 XGC88000 创下 3 项国际首创技术及 6 项国际领先技术，拥有 80 多项国家专利，解决了行业内一直未能攻破的技术难题，在国际上首次实现了变形功能，做到一车两用，通过部件组合可变形为 1 台

基本参数	
类型	超重型履带起重机
发动机（下车）	23 升 641 千瓦 6 缸
长 × 宽 × 高（毫米）	13000×3500×3400
整机重量	5950 吨
最大起重量	3600 吨
行驶速度	0.37 千米 / 时
最大起重力矩	22540 千牛·米

2000 吨级履带起重机使用，整机产品利用率更高，使用户的收益最大化。该起重机有重型主臂、轻型臂、塔式副臂、专用副臂、臂头单轮滑 5 种工况，主要适用于核电、石化、火电、煤化工等大型工程项目。

徐工 XGC88000 基于多重安全架构进行方案设计，安全可靠程度较高，包括履带梁前后车在内、整机高度协同操控，动作精细至毫米级。超远距精确无线遥控操作系统，可至全工地最佳地点操作整车，安全、便利。该起重机拥有实时动态数据监控、报警、限制系统，全面防止误操作的可能。四卷扬同步控制与吊钩三级平衡系统保证起升安全控制。3 台发动机互为备用，提高作业安全保护。双通道传感器，提供充分的安全冗余。徐工 XGC88000 的主臂全伸重型长度为 120 米，轻型长度为 144 米，主卷扬的最大单绳速度为 60 米 / 分。

中联重科 QY25V542 起重机 ◀◀◀◀

中联重科 QY25V542 是中国中联重科股份有限公司生产的汽车起重机。

中联重科 QY25V542 是一种全回转、伸缩动臂式、液压比例控制的 5 节主臂汽车起重机，底盘采用中联重科自制的全驾三桥专用底盘。该起重机采用带负载反馈的液

基本参数	
类型	中型汽车起重机
发动机（下车）	9.7 升 199 千瓦 6 缸
长×宽×高(毫米)	12900×2500×3465
整机重量	32400 千克
最大起重量	25000 千克
行驶速度	78 千米 / 时
最大起重力矩	1058 千牛·米

压比例换向阀及四联齿轮泵系统，设有溢流阀、平衡阀、液压锁、制动阀等安全装置，以防油路过载及避免由于油管破裂引起的意外事故发生，确保各执行机构的工作能力得到充分发挥，提高了系统的可靠性和安全性。此外，其还配备了力矩限制器等多种安全装置和齐全的照明系统，可保证操作安全可靠，并便于夜间作业。

中联重科 QY25V542 的主臂全伸长度为 40 米，副臂标配为 8 米。支腿的横向跨距为 6.1 米，纵向跨距为 5.4 米。最大起升高度为 48.5 米，主卷扬的最大单绳速度为 120 米 / 分。起重臂的全伸时间为 80 秒，全起时间为 40 秒。

中联重科 QY50H531 起重机 ◀◀◀◀

中联重科 QY50H531 是中国中联重科股份有限公司生产的汽车起重机。

中联重科 QY50H531 采用 8×4 驱动形式，搭载潍柴 WP10.336 柴油发动机，该发动机是专门针对起重机经常在低速工况下运行而研发的，保证整机启动时扭矩输出大、

基本参数	
类型	重型汽车起重机
发动机（下车）	8.9 升 242 千瓦 6 缸
长 × 宽 × 高（毫米）	13300×2750×3650
整机重量	41000 千克
最大起重量	55000 千克
行驶速度	76 千米 / 时
最大起重力矩	1764 千牛·米

起步性能好、整车加速快、爬坡性能好。该起重机采用六边形截面主臂，采用高强钢制作，抗扭、抗弯能力强。独特设计的大圆弧吊臂滑块支承形式，应力分布均匀、承载能力强、方便调节，吊臂支承点处的局部刚度好，不易变形，提高了同等板厚下吊臂的起重能力。回转机构具有超载自动保护、冲击缓冲、中位液压制动及自由滑转功能，在快速启动与停止、加速减速回转过程中，均能自动保持吊臂、钢丝绳和被吊重物三者同步回转，最大限度地减少吊臂与被吊重物的晃动。

中联重科 QY50H531 的主臂全伸长度为 42 米，副臂可选配为 9.5 米、16 米。支腿的横向跨距为 6.9 米，纵向跨距为 5.92 米。最大起升高度为 58.3 米，主卷扬的最大单绳速度为 130 米 / 分。起重臂的全伸时间为 95 秒，全起时间为 50 秒。

中联重科 ZAT2000V753.1 起重机 ‹‹‹‹

中联重科 ZAT2000V753.1 是中国中联重科股份有限公司生产的全地面起重机。

中联重科 ZAT2000V753.1 采用五桥全地面起重机底盘，行驶状态的整机重量较轻，带来良好的通过性、机动性，以及更低的运营成本和维护保养成本。吊臂单缸插销机构以及伸缩控制系统革命性创新，加上底盘转向系统、支腿伸缩机构等方面的技术升级，有效地保障了起重机的高可靠性。该起重机采用环保、时尚的绿色涂装，配备椭圆形 7 节主臂、全景式俯仰操作室，带来便捷、安全的操作体验。

基本参数	
类型	超重型全地面起重机
发动机（下车）	7.3 升 390 千瓦 6 缸
长 × 宽 × 高（毫米）	15660×3000×4000
整机重量	54900 千克
最大起重量	200000 千克
行驶速度	75 千米 / 时
最大起重力矩	6664 千牛·米

中联重科 ZAT2000V753.1 的主臂全伸长度为 72 米，副臂可选配为 12 米、20 米、28 米。支腿的横向跨距为 8.3 米，纵向跨距为 8.9 米。最大起升高度为 103 米，主卷扬的最大单绳速度为 120 米 / 分。起重臂的全伸时间为 12 秒，全起时间为 97 秒。

中联重科 RT100 起重机

    中联重科 RT100 是中国中联重科股份有限公司生产的越野起重机。

    中联重科 RT100 行驶作业机动灵活、越野性能出色、爬坡能力强，主要适用于油田、化工、矿山、港口码头、建筑工地的起重作业和安装工程，尤其适用于各种复杂的越野路面工况作业。其驾驶室与操作室采用一体化设计，配备全景天窗，视野开阔。悬浮式减震座椅可根据驾驶员的体型调节合适位置，最大限度地减轻驾驶员的疲劳强度。该起重机具备吊载行驶能力，极大提高了作业效率。

基本参数	
类型	超重型越野起重机
发动机（下车）	8.3 升 224 千瓦 6 缸
长×宽×高（毫米）	14247×3620×3960
整机重量	67000 千克
最大起重量	100000 千克
行驶速度	24 千米 / 时
最大起重力矩	3339 千牛·米

    中联重科 RT100 的主臂全伸长度为 43 米，副臂标配为 18.5 米。支腿的横向跨距为 8 米，纵向跨距为 7.9 米。最大起升高度为 45.6 米，主卷扬的最大单绳速度为 126 米 / 分。起重臂的全伸（缩）时间为 170（158）秒，全起（落）时间为 82（69）秒。

第 5 章　压实车辆

　　压实车辆是指利用机械力使土壤、碎石等填层密实的工程车辆，包括单钢轮压路机、双钢轮压路机、轮胎压路机、静碾压路机等，其被广泛用于地基、道路、飞机场、堤坝等工程。本章主要介绍压实车辆的主流车型，以在售车型为主，也有部分停产的经典车型。

卡特彼勒 CW34 压路机

卡特彼勒 CW34 是美国卡特彼勒公司生产的轮胎压路机。

卡特彼勒 CW34 的操作室视野开阔，具有可滑动和旋转的操作台、LCD 显示屏和触摸板功能。

平稳运行的动力传动系，配有电子行走控制和平稳制动系统，三速静液压行走系统具备出色的爬坡能

基本参数	
类型	重型轮胎压路机
发动机	4.4 升 96.5 千瓦 4 缸
长×宽×高（毫米）	5350×2160×3000
最大工作重量	27000 千克
配重物重量	13000 千克
行驶速度	19 千米 / 时
轮胎数量	8 个

力。归功于灵活的配重系统、摆动式前轮和可选的动态充放气功能，卡特彼勒 CW34 具有灵活多变的压实能力。其配重选择包括模块化和非模块化的钢、沙和水，其中模块化钢配重系统可以轻松地安装或拆除，因此可以很容易地调整工作重量，满足作业场地需求。

卡特彼勒 CW34 的轴距为 3900 毫米，最小离地间隙为 260 毫米。轮胎规格为 13/80 R20，轮胎布局为前四后四。该压路机的整机压实宽度为 2090 毫米，最小转弯半径为 6100 毫米。其燃油箱容量为 270 升，水箱容量为 380 升。

作业中的卡特彼勒 CW34 压路机

卡特彼勒 CW34 压路机的操作室

卡特彼勒 CB16 压路机

卡特彼勒 CB16 是美国卡特彼勒公司生产的液压式驱动双钢轮压路机。

卡特彼勒 CB16 有开阔的视野、一流的舒适度、燃油效率极高的省油模式以及业界领先的喷水系统等特点。它可以配备具有温度测绘和压实趋数测绘功能的卡特彼勒压实

基本参数	
类型	中型双钢轮压路机
发动机	4.4 升 106 千瓦 4 缸
长 × 宽 × 高 (毫米)	4742×2325×3068
整机工作重量	14950 千克
前 / 后轮分配重量	7475/7475 千克
行驶速度	13 千米 / 时
最大激振力	138.2 千牛

控制装置以及"机器对机器"通信功能模块，以获得更高效的性能。该压路机采用摆动式振动系统，将前钢轮的标准振动与后钢轮的摆动技术相结合，可在薄层物料和建筑物、桥面等附近的敏感结构以及地下设施上高效作业。其操作室集合机器控制装置、LCD 显示屏与旋转式可调座椅，可随操作员一起移动。

卡特彼勒 CB16 压实机构的振动频率为 42/63.3 赫兹，额定振幅为 0.3/1.03 毫米。振动轮直径为 1300 毫米，宽度为 2130 毫米。该压路机的燃油箱容量为 250 升，水箱容量为 1000 升。

柳工 CLG6622E 压路机

　　柳工 CLG6622E 是中国广西柳工机械股份有限公司生产的液压式驱动单钢轮压路机。

　　柳工 CLG6622E 的激振器采用流球式结构，特制偏心腔体，内部装有钢球和抗磨剂，取代甩块激振器的偏心块，通过钢球的运动位移产生大小振。起振、停振时，钢球

基本参数	
类型	重型单钢轮压路机
发动机	6.8 升 140 千瓦 6 缸
长×宽×高(毫米)	6608×2340×3050
整机工作重量	22000 千克
振动轮分配重量	11000 千克
行驶速度	10 千米/时
最大激振力	400 千牛

在抗磨剂缓冲下实现柔性起停，避免甩块激振器起振、停振时撞击限位销的瞬时冲击，杜绝偏心块断裂的风险，确保激振器的高可靠性。同时无冲击激振器没有甩块式激振器撞击产生的金属碎片污染轴承润滑系统，大幅减少维护成本。该压路机采用进口品牌重型闭式液压系统，重型柱塞泵功率转换储备量较大，能轻松应对恶劣工况。

　　柳工 CLG6622E 压实机构的振动频率为 28（33）赫兹，额定振幅为 2（1.3）毫米。振动轮直径为 1600 毫米，宽度为 2130 毫米。该压路机的最小转弯半径为 6500 毫米，转向角度为 35°。其燃油箱容量为 282 升，液压油箱容量为 90 升。

三一 STR100C-8S 压路机

三一 STR100C-8S 是中国三一集团生产的液压式驱动双钢轮压路机。

三一 STR100C-8S 拥有双频工作模式，标配高频振动模式和普频振动模式（40/50 赫兹），可根据不同工况一键切换振动模式。其振动轮振幅均匀性可达 97% 以上，最大理论密实度可达 94% 以上，满足高速不低

基本参数	
类型	中型双钢轮压路机
发动机	4.5 升 113 千瓦 4 缸
长 × 宽 × 高（毫米）	5165×2100×3215
整机工作重量	10500 千克
前 / 后轮分配重量	5250/5250 千克
行驶速度	12 千米 / 时
最大激振力	140 千牛

于最大理论密度 92% 的要求。三一 STR100C-8S 采用三一全系列产品通用力士乐油泵，有效地保障了配件的通用性和及时性。该压路机的工作视野开阔，前后视野达 1 米 ×0.8 米。操作员位置前后均能完全看到钢轮表面及洒水喷头，可以清晰地看到钢轮表面是否粘有沥青，施工操作更方便、更安全。

三一 STR100C-8S 压实机构的振动频率为 50/61 赫兹（高频），额定振幅为 0.75/0.3 毫米。振动轮直径为 1240 毫米，宽度为 1900 毫米，轮圈厚度为 17 毫米。该压路机的最小转弯半径为 6765 毫米，转向角度为 33°。其燃油箱容量为 230 升，液压油箱容量为 100 升。

山工 SEM522 压路机

山工 SEM522 是中国山工机械有限公司生产的液压式驱动单钢轮压路机。

山工 SEM522 采用卡特彼勒豆荚型振动系统，活动钢珠封闭在偏心轮内部，通过旋转方向调整重心位置达到调整振幅的目的。该系统起振平稳，振幅切换平缓，减少了对振动马达的冲击，延长了使用寿命。独立的四模块散热系统，配备吸风式风扇，新鲜低温空气从整机尾部进入，通过散热器至发动机，保证散热效果。此外，可选配高温冷却系统，使压路机可在 50℃ 的环境温度下工作。该压路机采用闭式液压回路，液压传动效率比开式回路提高 20%。世界知名品牌的泵和马达组成封闭循环系统，减少了油液受污染的概率，系统清洁度更高，延长了液压系统的使用寿命。

山工 SEM522 压实机构的振动频率为 30（28）赫兹，额定振幅为 2（1）毫米。振动轮直径为 2160 毫米，宽度为 2130 毫米，轮圈厚度为 50 毫米。该压路机的最小转弯半径为 6350 毫米，转向角度为 35°。其燃油箱容量为 262 升，液压油箱容量为 108 升。

基本参数	
类型	重型单钢轮压路机
发动机	9.7 升 140 千瓦 6 缸
长 × 宽 × 高（毫米）	6250×2130×3200
整机工作重量	22000 千克
振动轮分配重量	11000 千克
行驶速度	9.6 千米 / 时
最大激振力	374 千牛

山推 SR26M-3 压路机

山推 SR26M-3 是中国山推工程机械股份有限公司生产的机械式驱动单钢轮压路机。

山推 SR26M-3 综合了国内大吨位振动压路机的优点，各项配置高、性能优越、可靠性好，具有广泛的应用范围。其振动泵、振动马达选用国际知名品牌，保证振动系

基本参数	
类型	超重型单钢轮压路机
发动机	6.8 升 140 千瓦 6 缸
长×宽×高（毫米）	6440×2432×3314
整机工作重量	26000 千克
振动轮分配重量	13000 千克
行驶速度	9 千米 / 时
最大激振力	435 千牛

统的可靠性和压实性能。制动系统包括行车制动和驻车制动两套独立的制动系统，具有制动平稳、安全可靠、结构简单、维修方便的特点。山推 SR26M-3 的驾驶室配有空调，提供舒适的工作环境，橡胶减震设计将操作员与震动源隔离，有效降低了工作强度。大角度开启机罩、免维护电池、各种压力及温度的实时监控、柴油箱及工作油箱的合理布置使山推 SR26M-3 具有极佳的维护保养性，缩短了停工时间，提高了整机利用率。

山推 SR26M-3 压实机构的振动频率为 29/35 赫兹。振动轮直径为 1600 毫米，宽度为 2170 毫米。该压路机的最小转弯半径为 6500 毫米，转向角度为 35°。其燃油箱容量为 375 升。

山推 SR26M-3 压路机侧后方视角

山推 SR26M-3 压路机侧面视角

山推 SR2124S 压路机

山推 SR2124S 是中国山推工程机械股份有限公司生产的铰接三轮静碾压路机。

山推 SR2124S 采用玉柴 YC6B125-T20 发动机，搭配哈尔滨哈齿变速箱有限公司提供的变速箱，强劲的动力可使机器以最少的碾压次数达到所需的压实度，具备优异的压实

基本参数	
类型	重型静碾压路机
发动机	4.2 升 92 千瓦 4 缸
长 × 宽 × 高（毫米）	5988×2320×3297
空载工作重量	21000 千克
加载工作重量	24000 千克
行驶速度	3.35 千米 / 时
驱动轮静线载荷（满载）	1225 牛顿 / 厘米

效果，适用于对砾石、碎石、柏油及沥青混凝土路面的压实。该压路机配备两套独立的制动系统，即行车制动和驻车制动，具有制动平稳、安全可靠、结构简单、维修方便的特点。山推 SR2124S 的流线型机罩设计能够看到后轮外沿和整个机器的后半部，视野开阔。单杆变速手柄可以有效提高操作员的工作效率，减少疲劳。舒适结实的进口座椅，可以调节前后位置，配备左右可翻扶手和可伸缩安全带。

山推 SR2124S 的转向轮直径为 1600 毫米，驱动轮直径为 1600 毫米，整机压实宽度为 2320 毫米。该压路机的最小转弯半径为 5200 毫米，理论爬坡能力为 20%。

山东临工 RP9300 压路机 ◀◀◀◀

山东临工 RP9300 是中国山东临工工程机械有限公司生产的轮胎压路机。

山东临工 RP9300 属重型自行式静作用压路机，可有效压实沥青面层、各种材料的基础层、次基础层等，其压实性能、驱动性能、操纵性能、可靠性、维护保养和维修性

基本参数	
类型	重型轮胎压路机
发动机	6.8 升 129 千瓦 6 缸
长 × 宽 × 高 (毫米)	5050×2600×3420
最大工作重量	30000 千克
配重水重量	13000 千克
行驶速度	15 千米 / 时
轮胎数量	9 个

能等方面都处于行业领先水平。该压路机搭载潍柴道依茨 WP6G175E201 柴油发动机，动力强、扭矩大、噪声低，配置启动加浓装置，低温启动能力强。与发动机匹配的是杭齿电液动力换挡定轴式变速箱，操纵灵活、变速平稳、冲击小、使用寿命长。车架采用优质板材，机器人焊接，结构合理、承载力强。前轮总成摇摆设计，充分保障轮胎和路面的接触。刮泥板和洒水管随轮胎摆动，保证刮泥效果，提高作业效率。

山东临工 RP9300 的轴距为 4000 毫米，最小离地间隙为 300 毫米。轮胎规格为 13/80-20 16PR，轮胎布局为前四后五。该压路机的整机压实宽度为 2420 毫米，最小转弯半径为 9000 毫米。其燃油箱容量为 200 升，液压油箱容量为 100 升。

山东临工 RT8180 压路机

山东临工 RT8180 是中国山东临工工程机械有限公司生产的铰接三轮静碾压路机。

山东临工 RT8180 具有加大的静线压力，压实效果好、影响深度大、生产效率高。它适用于碎石路、土路和各种路基的滚压工作。在建筑公路、街道、海港和机场跑

基本参数	
类型	中型静碾压路机
发动机	4.5 升 82 千瓦 4 缸
长 × 宽 × 高（毫米）	6224×2400×3300
空载工作重量	18000 千克
驱动轮 / 转向轮分配重量	11700/6300 千克
行驶速度	11.6 千米 / 时
驱动轮静线载荷（满载）	1050 牛顿 / 厘米

道时，它可以完成砾石、碎石或者沥青混凝土路面基础层的压实工作。该压路机配备同步器变速箱，具有中位启动、倒挡警示功能，换挡灵活，操纵方便顺畅。整机电器系统采用集中控制，数字化步进式仪表显示，人机交互性高，检测保养方便。发动机罩采用电控线性执行装置，可一键开启，开启角度大，维修部位布局合理。

山东临工 RT8180 的轴距为 3314 毫米，最小离地间隙为 500 毫米，整机压实宽度为 2400 毫米。该压路机的最小转弯半径为 6500 毫米，理论爬坡能力为 20%。其燃油箱容量为 270 升，液压油箱容量为 60 升。

徐工 XS143J 压路机

徐工 XS143J 是中国徐工集团生产的机械式驱动单钢轮压路机。

徐工 XS143J 具有较高的静线载荷和激振力，适用于卵石、砂性土壤、冰碛土、爆破岩石和黏性土壤等的压实作业，也适用于各种大型工程中对混凝土、稳定土基础材料的压实，其最大作用深度可达 1 米。

基本参数	
类型	中型单钢轮压路机
发动机	5.2 升 103 千瓦 4 缸
长 × 宽 × 高 (毫米)	6150×2300×3200
整机工作重量	14000 千克
振动轮分配重量	7300 千克
行驶速度	11.2 千米 / 时
最大激振力	274 千牛

该压路机采用上柴 H 系列低转速涡轮增压柴油发动机，由发动机厂家专门提供分动箱直接驱动液压泵，改变了以前在发动机后部通过传动齿轮箱联结振动及转向双联泵的结构，节省了机械传动件，减少了传动链发生故障的可能性。液压振动系统由齿轮泵、马达组成开式系统，采用电控控制形式。徐工 XS143J 的可拆卸驾驶室采用流线型造型，操作员可以直接观察到距机架 2 米外的物体。

徐工 XS143J 压实机构的振动频率为 28/33 赫兹，额定振幅为 1.9/0.95 毫米，振动轮直径为 1523 毫米，宽度为 2130 毫米。该压路机的最小转弯半径为 6800 毫米，转向角度为 33°。

徐工 XS183 压路机

徐工 XS183 是中国徐工集团生产的机械式驱动单钢轮压路机。

徐工 XS183 主要适用于各种材料的基础层、次基础层及填方的压实作业，是高等级公路、机场、港口、堤坝及工业建筑工地的理想压实设备。该压路机采用大功率发动机及抗打滑的液压驱动系统，能更

基本参数	
类型	重型单钢轮压路机
发动机	6升134千瓦6缸
长×宽×高(毫米)	6760×2330×3331
整机工作重量	18000千克
振动轮分配重量	11500千克
行驶速度	11.4千米/时
最大激振力	340千牛

好地满足不同工程的施工要求。徐工 XS183 采用进口重型驱动桥，带防打滑差速器，能够根据路面状况自动实现扭矩分配，确保压路机在各种工况下均能发挥其所需的最大牵引力。同时，采用进口变量泵、定量马达组成闭式液压系统，双频、双幅，科学合理的静线载荷与激振力配置，确保对不同类型的材料、不同厚度的铺层进行有效压实。

徐工 XS183 压实机构的振动频率为 28/33 赫兹，额定振幅为 1.86/0.93 毫米，振动轮直径为 1523 毫米，宽度为 2130 毫米。该压路机的最小转弯半径为 6650 毫米，转向角度为 33°。

徐工 XS183 压路机侧前方视角

徐工 XS223JE 压路机 ◀◀◀◀

徐工 XS223JE 是中国徐工集团生产的机械式驱动单钢轮压路机。

徐工 XS223JE 主要适用于对地面的压实，适宜于卵石、砂性土壤、冰碛土、爆破岩石和黏性土壤的压实作业，也适宜于各种大型工程中对混凝土、稳定土基础材料的压实。其驾驶室与机架采用组合刚度的减

基本参数	
类型	重型单钢轮压路机
发动机	8 升 136 千瓦 6 缸
长 × 宽 × 高 (毫米)	6320×2390×3200
整机工作重量	22000 千克
振动轮分配重量	11000 千克
行驶速度	11.1 千米 / 时
最大激振力	374 千牛

震装置，多维度降低驾驶室的震动，显著提升操作员的工作舒适性。前翻机罩开启角度大，电动升降装置可使机罩在升降过程中安全地停在任何位置，各系统部件维护方便。该压路机采用上柴 SC8D185G2B1 高压共轨电控低转速柴油发动机，匹配带同步器的换挡变速箱，配以新型换挡手柄，显著增加了操作的舒适性。同时，采用科学合理的风道设计，空调系统独立散热以保证足够的进风量，综合提升散热能力，保证动力系统高效工作。

徐工 XS223JE 压实机构的振动频率为 28/33 赫兹，额定振幅为 1.86/0.93 毫米，振动轮直径为 1600 毫米，宽度为 2130 毫米。该压路机的最小转弯半径为 6500 毫米，转向角度为 33°。

徐工 XS223JE 压路机机侧前方视角

徐工 XS365 压路机

徐工 XS365 是中国徐工集团生产的液压式驱动单钢轮压路机。

徐工 XS365 定位于大深度岩石填方压实和超厚铺层压实，能兼顾常规铺层压实，是大坝填石压实、超厚水稳压实、公路路面基层、路基的理想压实设备。该压路机采用大功率发动机并针对填石大坝压实

基本参数	
类型	超重型单钢轮压路机
发动机	11.6 升 276 千瓦 6 缸
长×宽×高（毫米）	7592×2900×3478
整机工作重量	36000 千克
振动轮分配重量	24000 千克
行驶速度	10.4 千米 / 时
最大激振力	730 千牛

进行了多项适应性设计，能更好地满足大坝的施工要求。其液压振动系统由电控两点变量泵、定量马达组成，采用阻尼控制防液压冲击技术，不仅降低了振动系统的液压冲击，提高了系统的可靠性，更进一步保证了起振和停振的平稳性，避免了对压实材料的冲击，提高了压实的均匀性。振动轮采用四点支撑筒式振动室结构形式，结构简单、强度高、刚性好，具有双频、双幅功能，静线压力与激振力大，作业效率高。

徐工 XS365 压实机构的振动频率为 26/31 赫兹，额定振幅为 2.3/1.2 毫米，振动轮直径为 1712 毫米，宽度为 2400 毫米。该压路机的最小转弯半径为 7060 毫米，转向角度为 33°。

徐工 XD143 压路机

徐工 XD143 是中国徐工集团生产的液压式驱动双钢轮压路机。

徐工 XD143 专为压实沥青路面而设计，能压实各种不同材料、不同厚度的铺层，特别适用于道路、停车场、机场等大型工程的路面压实作业，也可用于压实路基及次基层材料。其前后车架采用目前主流

基本参数	
类型	中型双钢轮压路机
发动机	4.8 升 111 千瓦 4 缸
长 × 宽 × 高（毫米）	5146×2317×3099
整机工作重量	14000 千克
前（后）轮分配重量	7000 千克
行驶速度	12 千米 / 时
最大激振力	170 千牛

的无框架结构，增大了车辆接近角和离去角，有效提高了整机的贴边压实性能。振动轮采用传统的筒式四支撑结构，使用寿命长。此外，该振动轮采用徐工集团独创的均压技术，使左右振动轮的振幅差距控制在 3% 以内，有效保证了路面平整度。该压路机采用全液压传动和全电液控制技术，全部采用电器开关控制，使得操作异常简便。液压驱动系统采用单泵双马达组成的并联闭式回路，液压振动系统采用双泵双马达组成前后轮各自的闭式回路。

徐工 XD143 压实机构的振动频率为 67/50 赫兹，额定振幅为 0.3/0.8 毫米，振动轮直径为 1300 毫米，宽度为 2130 毫米。该压路机的最小转弯半径为 6600 毫米，转向角度为 35°。

徐工 XP163 压路机

徐工 XP163 是中国徐工集团生产的轮胎压路机。

徐工 XP163 属自行式静作用压路机，适用于压实沥青路面、基础层、次基础层及填方工程等，尤其对高等级公路沥青面层的压实能取得其他压实机械无法达到的压实效果。该压路机采用全液压转向，气助力液压制

基本参数	
类型	轻型轮胎压路机
发动机	3.9 升 86 千瓦 4 缸
长 × 宽 × 高（毫米）	4800×2356×3330
最大工作重量	16000 千克
配重物重量	4250 千克
行驶速度	17.5 千米 / 时
轮胎数量	9 个

动及多挡变速传动系统，速度快、机动灵活，更便于工地之间的转移。同时采用前轮摇摆机构，压路机在不平整地面作业时，保证轮压接地均匀，使被压实材料的高低不平部分都能得到均匀压实。徐工 XP163 标配洒水系统，对轮胎表面喷水可有效防止轮胎黏附沥青。此外，其还可选配间歇洒水功能。

徐工 XP163 的轴距为 3700 毫米，最小离地间隙为 260 毫米，轮胎规格为 11.00-20-16PR，轮胎布局为前四后五。该压路机的整机压实宽度为 2250 毫米，最小转弯半径为 7330 毫米。

徐工 XP163 压路机侧后方视角

徐工 XP263K 压路机

徐工 XP263K 是中国徐工集团生产的轮胎压路机。

徐工 XP263K 采用上柴 SC7H160.2G3 电控柴油发动机，具有高可靠性和燃油经济性，低噪声，低排放。该压路机采用具有无级自动变速的液力变矩器和动力换挡变速箱，使其具有自动适应性，当外载荷突然

基本参数	
类型	重型轮胎压路机
发动机	6.5 升 118 千瓦 6 缸
长 × 宽 × 高（毫米）	5015×2851×3385
最大工作重量	26300 千克
配重物重量	11200 千克
行驶速度	17 千米 / 时
轮胎数量	11 个

增大时，压路机能自动减速增大牵引力。为满足工作和行驶的各种工况，挡位由电控手柄分两挡控制无级变速，1 挡的速度范围为 0 ～ 8 千米 / 时，2 挡的速度范围为 0 ～ 17 千米 / 时。前进和后退速度一致，提高了作业效率。徐工 XP263K 配置间歇洒油系统，可节省人力、物力资源，并有效降低轮胎胎面沥青的黏附，提高了工作质量。

徐工 XP263K 的轴距为 3840 毫米，最小离地间隙为 300 毫米。轮胎规格为 11.00-20-16PR，轮胎布局为前五后六。该压路机的整机压实宽度为 2750 毫米，最小转弯半径为 7820 毫米。其燃油箱容量为 170 升，水箱容量为 650 升。

使用货车装运的徐工 XP263K 压路机

作业中的徐工 XP263K 压路机（右一）

徐工 XP303 压路机

徐工 XP303 是中国徐工集团生产的轮胎压路机。

徐工 XP303 以充气轮胎为工作装置对铺层材料施以压实，主要适用于沥青路面、基础层、次基础层、大坝及填方工程等的压实作业。该压路机采用箱型整体车架，机身各部件设计有维修孔和掀翻盖板，便

基本参数	
类型	重型轮胎压路机
发动机	6.5升132千瓦6缸
长×宽×高（毫米）	5015×2530×3370
最大工作重量	30300 千克
配重物重量	15200 千克
行驶速度	17 千米/时
轮胎数量	9 个

于各部件保养和维护。前轮框架由油缸推动可实现转向，并可实现机械摇摆。同时每组的两个轮胎也可实现摇摆。传动系统由液力变矩器、动力换挡变速箱、传动轴、桥、链条和后轮组成。其工作原理是：由发动机带动液力变矩器工作，液力变矩器驱动动力换挡变速箱工作，动力换挡变速箱输出动力通过传动轴传递带动桥工作，桥两端输出动力带动链条传递到后轮，从而完成压路机从发动机至后轮的动力传动，驱动压路机行驶。

徐工 XP303 的轴距为 3840 毫米，最小离地间隙为 300 毫米。轮胎规格为 13/80 R20，轮胎布局为前四后五。该压路机的整机压实宽度为2360 毫米，最小转弯半径为 7620 毫米。其燃油箱容量为 170 升，水箱容量为 650 升。

作业中的徐工 XP303 压路机

徐工 3Y263J 压路机

徐工 3Y263J 是中国徐工集团生产的铰接三轮静碾压路机。

徐工 3Y263J 在结构上基本是以压路机前后中心线成左右对称布置，前车部分主要由前梁、前车架和前轮组成。前车架的横梁兼作洒水箱，前车架用于支承前轮，前轮为转向轮。后车部分主要包括后车

基本参数	
类型	重型静碾压路机
发动机	4.3 升 92 千瓦 4 缸
长 × 宽 × 高（毫米）	6285×2420×3348
空载工作重量	23000 千克
加载工作重量	26000 千克
行驶速度	11.6 千米／时
驱动轮静线载荷（满载）	1370 牛顿／厘米

架、驱动系统、制动系统、驾驶室、机罩和后轮。前后车架通过中间的十字轴铰接，构成轴距为 3136 毫米的铰接式车架。前后轮均采用具有专利技术的轮子结构，操作员可根据施工需要，通过轮子上的加沙口往轮子内添加湿沙，以调节轮子静线压力。该压路机的制动系统有两种，一种是用于紧急制动的钳盘式制动器，另一种是用于停车制动的毂式制动器。

徐工 3Y263J 的转向轮直径为 1600 毫米，驱动轮直径为 1700 毫米，整机压实宽度为 2420 毫米。该压路机的最小转弯半径为 6500 毫米，理论爬坡能力为 20%。

厦工 XG622H 压路机

厦工 XG622H 是中国厦工机械股份有限公司生产的液压式驱动单钢轮压路机。

厦工 XG622H 采用前后轮液压双驱动，前轮分配重量大，有效压实力大。两挡无级变速，驱动能力强，操纵控制轻便灵敏。采用了丹佛斯闭式液压系统，此系统的可靠

基本参数	
类型	重型单钢轮压路机
发动机	6.5 升 154 千瓦 6 缸
长×宽×高(毫米)	6373×2440×3264
整机工作重量	22000 千克
振动轮分配重量	13500 千克
行驶速度	9 千米 / 时
最大激振力	420 千牛

性高、使用寿命长，振动频率可调，工况适应性强。电控高压共轨发动机，动力性能好。优化设计的振动压实系统，压实力大，压实表面质量好，有效提高了作业效率。振动轮内装国际名牌的振动轴承，使用寿命长，性能稳定可靠。精心匹配的整机动力参数和振动参数，精良的制造工艺和严格的质量管理，确保整机具有优异的作业性能和质量稳定性。大角度开启的罩壳，后置液压泵，维护保养操作方便。

厦工 XG622H 压实机构的振动频率为 28/32 赫兹，额定振幅为 2/1 毫米。振动轮直径为 1600 毫米，宽度为 2130 毫米。该压路机的最小转弯半径为 6600 毫米，转向角度为 35°。

厦工 XG6303P 压路机 ◀◀◀◀

厦工 XG6303P 是中国厦工机械股份有限公司生产的轮胎压路机。

厦工 XG6303P 采用进口重型变量泵、变量马达组成的闭式液压系统，确保压路机具有良好的驱动性能和 25% 的爬坡能力。两挡无级变速，确保该压路机在不同工况下以合适的速度进行作业。制动系统分

基本参数	
类型	重型轮胎压路机
发动机	6.5 升 140 千瓦 6 缸
长×宽×高（毫米）	4906×2800×3300
最大工作重量	30000 千克
配重水重量	15000 千克
行驶速度	14 千米/时
轮胎数量	11 个

为行车制动、停车制动和紧急制动。紧急制动采用静液制动、驱动桥干式制动器和气顶油蹄式制动系统同时进行，整机安全性能高，耐用可靠。厦工 XG6303P 的前轮采用摇摆浮动机构，压路机在不平整地面作业时，保证轮胎接地均匀，使被压实材料的高低不平部分得到均匀压实。该压路机采用间歇式洒水系统，可有效改善水泵使用工况。当一个水泵出现故障时可更换另一个水泵工作，以免停机造成损失。

厦工 XG6303P 的轴距为 3836 毫米，最小离地间隙为 300 毫米。轮胎布局为前五后六。该压路机的整机压实宽度为 2750 毫米，最小转弯半径为 9000 毫米。

第6章　混凝土车辆

　　混凝土是当代主要的土木工程材料之一。它是由胶凝材料、颗粒状集料、水以及必要时加入的外加剂和掺和料按一定比例配制，经均匀搅拌、密实成型、养护硬化而成的一种人工石材。围绕混凝土的生产、运输、使用、养护而研发的各类混凝土车辆也成为工程车辆大家族中的重要一员。本章主要介绍混凝土车辆的主流车型，以在售车型为主，也有部分停产的经典车型。

雷萨 BJ5313GJB-LF(TX407) 搅拌运输车 ◀◀◀◀

雷萨 BJ5313GJB-LF(TX407) 是中国雷萨股份有限公司生产的轮式燃油型混凝土搅拌运输车。

雷萨 BJ5313GJB-LF(TX407) 的高强度车身为驾乘人员提供了全面的保护，全钢板框架结构整体一次冲压成型，同时采用驾驶室碰撞后移技术，当车辆前方发生碰撞时，

基本参数	
类型	中型搅拌运输车
发动机	10.5 升 235 千瓦 6 缸
长×宽×高（毫米）	9950×2530×3990
整备质量	13500 千克
最大允许总质量	31000 千克
行驶速度	80 千米/时
搅拌筒容积	7.99 立方米

驾驶室能够整体后移 200 毫米，对车辆碰撞力度起到缓冲作用，保障驾驶员的生命安全。四点悬浮式驾驶室，配合半环绕操控台、八向可调式气囊座椅，行车更舒适。四方位影像、疲劳驾驶提醒等配置，大幅提升了操作员驾驶的安全性。

雷萨 BJ5313GJB-LF(TX407) 的轴距为 2000+2850+1350 毫米，最小离地间隙为 265 毫米，驱动形式为 8×4。该运输车的液压泵排量为 71 毫升/转，液压马达排量为 80 毫升/转，减速器扭矩为 68 牛·米。

雷萨 BJ5313GJB-LF(TX407) 搅拌运输车前方视角

雷萨 BJ5313GJB-LF(TX407) 搅拌运输车侧前方视角

三一 SY206C-8Y(V) 搅拌运输车 ◀◀◀◀

三一 SY206C-8Y(V) 是中国三一集团生产的轮式燃油型混凝土搅拌运输车。

三一 SY206C-8Y(V) 采用重型卡车设计理念，配置高强度连接螺栓，连接可靠耐用。车架采用高强度钢，更坚固，承载能力更强。整车经过有限元分析优化，通过了 10000 公里强化路试，使用更可靠。前悬架配置横向稳定杆，后悬架采用独特的主副簧结构，防侧倾能力强，车辆行驶更安全。前、后制动器均采用特制的加大、加宽结构，整车制动距离更短。该运输车采用闭式液压系统，操控简便，轻松实现无级调速，效率高，换向冲击力小。高效冲洗系统，配备大容量水箱，采用气压式供水，可进行自由冲洗。

三一 SY206C-8Y(V) 的轴距为 4200 毫米，最小离地间隙为 225 毫米，最小转弯直径为 16000 毫米。搅拌筒的进料速度为 3 立方米 / 分，出料速度为 2 立方米 / 分，出料残余率小于 0.5%，塌落度范围为 50 ～ 210 毫米。该运输车燃油箱容量为 170 升，水箱容量为 300 升。

基本参数	
类型	小型搅拌运输车
发动机	4.7 升 136 千瓦 4 缸
长 × 宽 × 高 (毫米)	7785×2410×3605
整备质量	8010 千克
最大允许总质量	16000 千克
行驶速度	80 千米 / 时
搅拌筒容积	6 立方米

三一 SY206C-8Y(V) 搅拌运输车侧后方视角

三一 SY206C-8Y(V) 搅拌运输车侧前方视角

三一 SY410C-8S(V)-G 搅拌运输车

三一 SY410C-8S(V)-G 是中国三一集团生产的轮式燃油型混凝土搅拌运输车。

三一 SY410C-8S(V)-G 搭载三一 D07C5-313E0 柴油发动机，额定转速为 2300 转 / 分钟，峰值扭矩为 1170 牛·米。变速箱为法士特 12 挡手动变速箱，百公里油耗约 30 升。

基本参数	
类型	中型搅拌运输车
发动机	7.4 升 230 千瓦 6 缸
长 × 宽 × 高 (毫米)	9700×2500×3980
整备质量	13200 千克
最大允许总质量	31000 千克
行驶速度	80 千米 / 时
搅拌筒容积	10 立方米

该运输车标配轮边减速桥，通过性较高。制动系统采用排气制动与行车制动联动。大扭矩减速机，强度较高、可靠耐用。轮胎为 12R22.5 全钢子午线轮胎，没有内胎。

三一 SY410C-8S(V)-G 的轴距为 1700+3175+1350 毫米，最小离地间隙为 280 毫米，最小转弯直径为 22000 毫米。搅拌筒的进料速度为 8 立方米 / 分钟，出料速度为 5 立方米 / 分，出料残余率小于 0.5%，塌落度范围为 50 ～ 210 毫米。该运输车燃油箱容量为 300 升，水箱容量为 450 升。

徐工 G4120V 搅拌运输车

　　徐工 G4120V 是中国徐工集团生产的轮式燃油型混凝土搅拌运输车。

　　徐工 G4120V 注重产品细节及用户体验，在节能环保、高效运载、智能管理等方面表现突出，具有短轴距、窄轮距，底盘结实耐用，悬架高承载，通用化程度高等特点。

基本参数	
类型	中型搅拌运输车
发动机	7.8 升 257 千瓦 6 缸
长×宽×高(毫米)	10100×2550×3980
整备质量	14660 千克
最大允许总质量	31000 千克
行驶速度	98 千米 / 时
搅拌筒容积	8 立方米

该运输车优化了搅拌叶片，进料更快、搅拌更匀、卸料更净。作业系统"防松、防锈、防漏"，操控舒适，维护便捷。徐工 G4120V 配备智能化管理平台，搭载多媒体互联网终端，油、料、人、车数字化管理，提高作业安全、降低运营损失。

　　徐工 G4120V 采用徐汽汉风 XGA3310N6NEX 底盘，轴距为 1950+2900+1400 毫米，驱动形式为 8×4。搅拌筒的进料速度为 3 立方米 / 分，出料速度为 2 立方米 / 分，出料残余率小于 0.5%。该运输车水箱容量为380 升。

星马HN5310GJBB36C1BEV 搅拌运输车 ◀◀◀◀

星马 HN5310GJBB36C1BEV 是中国华菱星马汽车股份有限公司生产的轮式充电版新能源混凝土搅拌运输车。

星马 HN5310GJBB36C1BEV 具有零排放、无污染、噪声小的优点，采用永磁同步电机、手自一体变速箱、350 千瓦时磷酸铁锂

基本参数	
类型	中型搅拌运输车
电机	永磁同步电机
长×宽×高(毫米)	10300×2525×3960
整备质量	16300 千克
最大允许总质量	31000 千克
行驶速度	85 千米 / 时
搅拌筒容积	6.67 立方米

电池，安全可靠、操控舒适、动力强劲，最大爬坡度达 50%。该运输车的标载综合工况续驶里程为 190 千米，平均电耗仅 1.5 千瓦时 / 千米，适合城市内短途固定场景的应用。其换电时间只需 3 ～ 6 分钟，也可选择双枪直流充电。用户还可选装智能辅助系统，使其具备智能环境感知能力，能够自动分析车辆行驶的安全及危险状态。凭借智能网联技术，星马 HN5310GJBB36C1BEV 支持车辆监控、远程锁车、远程诊断与升级、车队管理、运营分析、数据转发等功能。

星马 HN5310GJBB36C1BEV 的轴距为 1850+3100+1350 毫米，驱动形式为 8×4。该运输车采用高强度细晶粒合金钢制作搅拌筒和螺旋叶片，耐磨损、变形小、寿命高。螺旋叶片搅拌均匀，出料干净，进出料速度超过国家标准。

雷萨 BJ5449THB-XF 泵车

雷萨 BJ5449THB-XF 是中国雷萨股份有限公司生产的轮式燃油型混凝土泵车。

雷萨 BJ5449THB-XF 的泵送机构通过 81 万次疲劳可靠性试验，结构可靠。全套液压油泵、关键控制阀采用德国力士乐配置，具有性能强、可靠性高、使用寿命长等优

基本参数	
类型	大型混凝土泵车
发动机	11.8 升 350 千瓦 6 缸
长 × 宽 × 高（毫米）	14080×2530×4000
整备质量	44000 千克
行驶速度	89 千米 / 时
臂架垂直高度	56 米
臂架水平长度	51 米

点。该泵车具有多项先进技术，其中智能车联网技术使车辆、用户、企业之间互联互通，设备行驶、施工工况、分项油耗一目了然，可为用户智能诊断出油耗管理优化空间，并提供设备保养手机端提醒服务。多料况自适应泵送技术，可主动选择混凝土标号模式，实现更经济、更平稳、更高效地混凝土泵送，有效防止堵管、熄火故障。可选配的盲区监控系统，包含右转弯盲区和倒车影像监控，有效提高驾驶安全性。

雷萨 BJ5449THB-XF 的前支腿展开宽度为 9.73 米，后支腿展开宽度为 12.48 米。其输送管直径为 125 毫米，末端软管长度为 3 米。混凝土理论排量为 180 立方米 / 时，混凝土最大出口压力为 8.8 兆帕，理论泵送频率为 27 次 / 分钟。该泵车燃油箱容量为 500 升，液压油箱容量为 570 升，水箱容量为 500 升。

三一 SYM5359THB 490C-10 泵车 ◀◀◀◀

三一 SYM5359THB 490C-10 是中国三一集团生产的轮式燃油型混凝土泵车。

三一 SYM5359THB 490C-10 采用三一集团从德国普茨迈斯特公司引进的优良技术，有效减少了泵送过程中的臂架抖动，无论臂架移动后振幅多大，只需轻松一键，臂架立即稳稳停住，实现末端软管快速精准定位。直管、铰链弯管、大弯管、小弯管均采用双层复合结构，内层非常耐磨。橡胶砼活塞，极度耐压、耐热、耐磨，适应各种恶劣工况。该泵车智能化程度较高，可在手机 App 上实时查看设备位置信息、行驶路径、设备工况、油耗、泵送工作时长、待机时长等基本参数。

基本参数	
类型	大型混凝土泵车
发动机	12.9 升 348 千瓦 6 缸
长×宽×高(毫米)	12380×2550×4000
整备质量	35000 千克
行驶速度	90 千米 / 时
臂架垂直高度	48.6 米
臂架水平长度	43.6 米

三一 SYM5359THB 490C-10 的前支腿展开宽度为 9.3 米，后支腿展开宽度为 9.62 米。其输送管直径为 125 毫米，末端软管长度为 3 米。混凝土理论排量为 170/120 立方米 / 时（低压 / 高压），混凝土最大出口压力为 8.3/12 兆帕（低压 / 高压），理论泵送频率为 29/19 次 / 分钟（低压 / 高压）。该泵车燃油箱容量为 600 升，液压油箱容量为 680 升，水箱容量为 620 升。

三一 SYM5445THBES 620C-10A 泵车 ◀◀◀◀

三一 SYM5445THBES 620C-10A 是中国三一集团生产的轮式燃油型混凝土泵车。

三一 SYM5445THBES 620C-10A 采用行业首创铸造节能主阀，响应和换向速度显著提升，换向冲击下降，液压件使用寿命大幅提升。该泵车采用发动机功率自匹配技术，

基本参数	
类型	大型混凝土泵车
发动机	12.1 升 348 千瓦 6 缸
长 × 宽 × 高（毫米）	14880×2550×4000
整备质量	44000 千克
行驶速度	90 千米 / 时
臂架垂直高度	61.1 米
臂架水平长度	55.9 米

泵送排量与发动机转速、功率、扭矩及喷油量进行自适应调节，并根据负载变化动态合理匹配发动机转速，发动机始终工作在最佳经济省油区。其泵送系统安装角度由传统的 10°～ 11°，优化为 8°，有效提升了吸料效率。

三一 SYM5445THBES 620C-10A 的前支腿展开宽度为 12.17 米，后支腿展开宽度为 13.2 米。其输送管直径为 125 毫米，末端软管长度为 3 米。混凝土理论排量为 180/120 立方米 / 时（低压 / 高压），混凝土最大出口压力为 8.3/12 兆帕（低压 / 高压），理论泵送频率为 29/20 次 / 分钟（低压 / 高压）。该泵车液压油箱容量为 800 升，水箱容量为 700 升。

三一SYM5550THB 680C-10泵车

三一SYM5550THB 680C-10是中国三一集团生产的轮式燃油型混凝土泵车。

三一SYM5550THB 680C-10具有排量大、臂架长、布料范围广、适应能力强的特点。该泵车采用封闭腔体臂架，避免折断和腔体掉物风险。其通过超600万次的疲劳试

基本参数	
类型	大型混凝土泵车
发动机	12.9升385千瓦6缸
长×宽×高(毫米)	15980×2550×4000
整备质量	54500千克
行驶速度	90千米/时
臂架垂直高度	67.3米
臂架水平长度	62.2米

验，确保臂架等结构件安全可靠。臂架最小展开高度不足15米，在限高工地也能轻松展臂。臂架可以360°回转，水平布料无死角，全支撑、单侧支撑皆可。该泵车配备最新全工况油耗管理系统、全生命周期功率自适应泵送系统，使其始终工作在最佳经济省油区。

三一SYM5550THB 680C-10的前支腿展开宽度为12.28米，后支腿展开宽度为15.6米。其输送管直径为125毫米，末端软管长度为3米。混凝土理论排量为180/120立方米/时（低压/高压），混凝土最大出口压力为8.3/12兆帕（低压/高压），理论泵送频率为29/19次/分钟（低压/高压）。该泵车燃油箱容量为600升，液压油箱容量为810升，水箱容量为1600升。

山推 HJC5391 THB-51 泵车

山推 HJC5391 THB-51 是中国山推工程机械股份有限公司生产的轮式燃油型混凝土泵车。

山推 HJC5391 THB-51 采用双泵双回路开式液压系统，主油缸和摆动油缸分别由两个泵驱动，摆动油缸动作迅速有力。该泵车的料斗最大容量可达 600 升，内壁采用弧形

基本参数	
类型	中型混凝土泵车
发动机	12 升 287 千瓦 6 缸
长×宽×高(毫米)	13950×2500×4000
整备质量	39000 千克
行驶速度	90 千米/时
臂架垂直高度	50.8 米
臂架水平长度	46.8 米

设计，无积料死角，搅拌机构具有卡料后自动反转、自动恢复正转功能。臂架、支腿结构件全部采用从瑞典进口的高强度钢板，重量轻、抗疲劳性能优异。泵车 S 阀、混凝土输送缸采用集中润滑方式，液控随动式润滑脂泵保证了润滑效果且润滑脂消耗量低。多片递进式润滑脂分配器的各润滑点均有堵塞指示，方便维修检查。当有个别油路发生堵塞时，其他各点仍能正常工作。

山推 HJC5391 THB-51 的前支腿展开宽度为 10.7 米，后支腿展开宽度为 11.2 米，输送管直径为 230 毫米，混凝土理论排量为 120 立方米/时，混凝土最大出口压力为 7 兆帕。

凌宇 CLY5120ZBG5 干混砂浆背罐车 ≪≪≪

凌宇 CLY5120ZBG5 是中国洛阳中集凌宇汽车有限公司生产的轮式燃油型干混砂浆背罐车。

凌宇 CLY5120ZBG5 的主要功能是将干混砂浆散装移动筒仓从干混砂浆生产厂运送到工地或在工地之间进行搬运，散装移动筒仓可以是空罐，也可以装载一定量的干混

基本参数	
类型	干混砂浆背罐车
发动机	4.5 升 132 千瓦 4 缸
长 × 宽 × 高（毫米）	9000×2550×2760
轴距	5600 毫米
整备质量	8350 千克
额定载重量	3950 千克
行驶速度	98 千米 / 时

砂浆。通过液压系统与装卸翻转机构的协同动作，该背罐车可自动托起干混砂浆散装移动筒仓并将其纵卧放在自身的车架上，实现干混砂浆散装移动筒仓的运输，将干混砂浆散装移动筒仓运到指定地点后，又可自动将干混砂浆散装移动筒仓卸下安放到地面上。整个操作可由一人独立完成，实现移动筒仓的文明装卸，减轻了移动筒仓装卸的劳动强度并节约了装卸时间，可极大提高移动筒仓的装卸效率。

凌宇 CLY5120ZBG5 的翻转架翻转角度达 98°，在装载料仓时，车辆可停靠的范围大，减小了驾驶员倒车对正料仓的难度。该背罐车在液压系统中设置了单向阻尼阀，减小了翻转架回落的冲击，使翻转架的回落更加平稳。另外，在翻转架与副车架之间设有安全连接销，在车辆行驶时减小了翻转架的振动，提高了车辆行驶的安全性。

星马 AH9401GXHLE 干混砂浆运输车

　　星马 AH9401GXHLE 是中国华菱星马汽车股份有限公司生产的轮式燃油型干混砂浆半挂运输车。

　　星马 AH9401GXHLE 采用卧式罐体，罐体容积可以按客户需求定制，罐体无须举升，软地基、斜坡、狭小场地工况均能够正常卸料，适应性好。由于没有液压举升

基本参数	
类型	干混砂浆运输车
发动机	9.8 升 254 千瓦 6 缸
长 × 宽 × 高(毫米)	9560×2526×3960
轴距	（4750+1310+1310）毫米
整备质量	8200 千克
额定载重量	31800 千克
行驶速度	80 千米 / 时

系统，因此该运输车可靠性高且具有价格优势。该运输车配备装配式干混砂浆输送管路，采用耐磨材质及内壁硬化处理，使用寿命较长。同时采用成熟的流化床气力输送技术，卸料速度较快。

　　星马 AH9401GXHLE 针对离析产生的四大环节：装料、运输、流化、卸料过程，采用特别设计的防离析结构罐体和流化床，改善离析状况。同时，通过卸料过程中的多点助吹扰流再混合技术，控制干混砂浆的离散系数。此外，还配备了同步取样装置，能够快速取样、实时监控。

徐工 HPC30KI 混凝土喷浆车 ◀◀◀◀

徐工 HPC30KI 是中国徐工施维英机械有限公司（原徐工集团工程机械股份有限公司建设机械分公司）生产的轮式燃油型混凝土喷浆车。

徐工 HPC30KI 混凝土喷浆车是集行走、混凝土泵送、喷射于一体的设备，主要用于大断面铁路、公路隧道、边坡、水利水电的隧洞和涵洞及

基本参数	
类型	混凝土喷浆车
发动机	4.6 升 132 千瓦 4 缸
长×宽×高 (毫米)	9360×2500×3660
整备质量	16000 千克
行驶速度	90 千米 / 时
最大喷射宽度	29.6 米
最大理论喷射量	30 立方米 / 时

各种地下军用、民用建筑等地下工程领域。该喷浆车具有性能稳定、操作简单、回弹率低、施工质量高等特点。整机配备静液压传动刚性底盘，四轮驱动、四轮转向，动力性能优良、爬坡性能好，尤其适合路面崎岖的场地。

徐工 HPC30KI 采用先进的全液压换向技术，显著缩短换向时间，提升泵送连续性。同时，通流量主阀体积、重量大幅减小，液力损失降低。该喷浆车采用新型总线控制反馈型遥控系统，具有反馈面板显示功能，配置人机对话数控操作系统，通过人机互动实现湿喷数据输入和记录储存，显示运转工况、运转数据及故障警告。而其臂架总成与喷头总成组合的喷头空间定位装置，借助 360°回转油缸、180°偏转油缸、8×360°全回转刷动马达等部件，空间定位真正实现多维度无极变向，加之其灵巧的车身设计和双动力系统，使行走和作业高效而便捷。

徐工 HPC30KI 混凝土喷浆车右后方视角

徐工 HPC30KI 混凝土喷浆车左后方视角

徐工 CPF-28 辅助喷射车

徐工 CPF-28 是中国徐工集团生产的履带式燃油型矿用混凝土辅助喷射车。

徐工 CPF-28 是专门为煤矿研制，与湿式混凝土喷射机配套使用，负责混凝土的喷射。整机小巧、灵活、耐用、适应能力强，可用于大型湿喷机组无法进入的巷

基本参数	
类型	混凝土辅助喷射车
发动机	不详
长×宽×高(毫米)	4650×1080×2125
整备质量	2079 千克
行驶速度	1.5 千米 / 时
喷射高度	8.2 米
喷射宽度	12.3 米

道，实现湿喷机械化作业，彻底解决人工喷射劳动强度大的问题。

矿山湿喷成套系统由抓斗式混凝土转载机、矿用混凝土搅拌机、湿式混凝土喷射机和矿用混凝土辅助喷射车等组成。其工作原理是：抓斗式混凝土转载机负责将矿车内的混凝土卸入矿用混凝土搅拌机内，由搅拌主机充分搅拌后，倒入湿式混凝土喷射机，由泵送系统压送至喷嘴处，汇合速凝剂和高压风，由矿用混凝土辅助喷射车完成喷浆支护。徐工 CPF-28 矿用混凝土辅助喷射车完全采用液压控制，操作方便，工作性能安全可靠。下车液压系统负责行走、上车液压系统负责喷射，上下车动作手动切换，防止误操作。成熟的内置油缸伸缩臂技术，安全可靠、操作灵活。其输送管径为 64 毫米，空压机功率为 7.5 千瓦，电机电压为 660/1140 伏（低压 / 高压）。

三一SPJ3017 湿喷机

三一 SPJ3017 是中国三一集团生产的专用底盘湿喷机。

三一 SPJ3017 是专为复杂路况而开发的混凝土喷射设备，主要适用于各种中型、大型隧道混凝土喷射施工。该湿喷机具有臂架操作灵活、自由度高，泵送性能稳定，底盘四驱四转向、通过性好等特点。

基本参数	
类型	湿喷机
发动机	3.6升90千瓦4缸
长×宽×高（毫米）	8285×2750×3200
整备质量	17000 千克
行驶速度	20 千米 / 时
喷射高度	17.5 米
喷射宽度	30 米

三一 SPJ3017 采用五边形截面车身，坚固稳定。东风德纳车桥有限公司生产的车桥，配合液压四轮制动，安全性较高。驾驶室可旋转 180°，实现双向驾驶。如果施工时突然断电，可切换到底盘动力（柴油发动机），并实现收拔臂架、收放支腿、收放电缆线、水洗、摆缸点动、点动砼活塞等功能。该湿喷机砼缸输料系统的输送管径为 180 毫米，理论泵送排量为 30 立方米 / 时。机械手转角为 270°，小臂俯仰范围为 92°。小臂具有自动水平功能，使喷嘴始终垂直喷射面。前支腿和后支腿的展开宽度均为 2.5 米。

三一 SPJ3017 湿喷机侧前方视角

第7章　其他工程车辆

除挖掘车辆、铲运车辆、起重车辆、压实车辆、混凝土车辆以外，工程车大家族里还有很多成员，例如：以打桩机、旋挖钻机为代表的桩工车辆；以摊铺机、铣刨机、沥青洒布车、沥青路面养护车为代表的筑养路车辆；以凿岩台车、切削钻机为代表的凿岩车辆；等等。

斗山 DX600PD-9C 打桩机

斗山 DX600PD-9C 是韩国斗山工程机械公司生产的履带式燃油型液压打桩机。

斗山 DX600PD-9C 广泛适用于高速铁路、公路的软地基密实处理，建筑工程、房地产、市政、管道、桥梁、轨道交通、隧道的深基坑支护、沟槽、围堰、防波堤的防渗加

基本参数	
类型	打桩机
发动机	15 升 294 千瓦 6 缸
长 × 宽 × 高（毫米）	16800×3300×3620
工作重量	60000 千克
行驶速度	5 千米 / 时
最大打桩高度	19.6 米
激振力	710 千牛

固等。该打桩机具有油耗低、效率高、不损伤桩柱等优点，适合各类钢板桩、钢管桩、混凝土预制桩、光伏桩等。斗山 DX600PD-9C 采用打桩机专用一体式车架设计，关键受力部位结构强化，通过 CAE 分析，整体强度和使用寿命大幅提升。固定式加宽底盘，具有良好的作业稳定性。

斗山 DX600PD-9C 的大臂长度为 13500 毫米，小臂长度为 7200 毫米，附臂长度为 2300 毫米；单个液压泵最大排量为 391 升 / 分钟；履带板宽度为 800 毫米，履带轴距为 4475 毫米；配重离地间隙为 1130 毫米，最小离地间隙为 570 毫米；尾部回转半径为 4410 毫米。

临工重机 EP760 打桩机

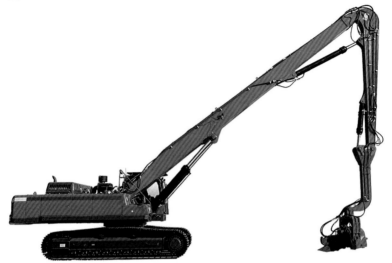

临工重机 EP760 是中国临工重机股份有限公司生产的履带式燃油型液压打桩机。

临工重机 EP760 采用 70 吨级一体式加强型上架结构，针对恶劣冲击工况，加载实际工况 CAE 分析，大幅提高结构件的使用寿命。结构件采用机器人焊接，焊缝探伤

基本参数	
类型	打桩机
发动机	15.7 升 300 千瓦 6 缸
长 × 宽 × 高 (毫米)	17540×3540×3550
工作重量	60985 千克
行驶速度	4.8 千米 / 时
最大打桩高度	19.7 米
激振力	720 千牛

仪检测，承载力大，可靠耐用。驾驶室前部设计加强横梁，避免桩脱落对人员的伤害。加大型天窗，保证了上部夹持位置良好的视野，增加了作业时的安全性。该打桩机标配超大工具箱、全自动润滑系统、液压防爆安全阀等，并可通过"临工智租"打桩机专业管理系统进行智能化控制。

临工重机 EP760 的大臂长度为 12670 毫米，小臂长度为 6180 毫米；单个液压泵最大排量为 378 升 / 分钟；履带板宽度为 800 毫米，履带轴距为 4475 毫米；配重离地间隙为 1257 毫米，最小离地间隙为 550 毫米；尾部回转半径为 4460 毫米。

三一 SY600HD 打桩机

　　三一 SY600HD 是中国三一集团生产的履带式燃油型液压打桩机。

　　三一 SY600HD 采用整体加长型平台，确保结构强度，稳定性得到显著提升。上车可 360°范围回转作业，方便侧向打桩，作业更方便、更安全。该打桩机搭载大排量高扭矩五十铃发动机，动力强劲，

基本参数	
类型	打桩机
发动机	15.7 升 300 千瓦 6 缸
长×宽×高（毫米）	16500×3200×3470
工作重量	51000 千克
行驶速度	5.4 千米/时
最大打桩高度	18 米
激振力	700 千牛

解决重载工况难题。川崎主阀，可靠性高、压损小，流量分配效率高，复合动作流畅。50 吨级独立油散系统，降低系统工作温度，大幅提升高温环境的适应性。

　　三一 SY600HD 的驾驶室应用全新防尘降噪技术，配备顶护网、防滑盖板、急停开关、后视摄像头、报警灯，提升作业的安全性。该打桩机采用特制手柄，并采取优化阀芯结构、智能合流控制等措施，操作轻松流畅。同时，通过正流量系统及动态寻优智能控制系统，提高工作效率并降低燃油消耗。

作业中的三一 SY600HD 打桩机

三一 SY600HD 打桩机侧后方视角

潍柴雷沃 FR550E2-PD 打桩机 ◀◀◀

潍柴雷沃 FR550E2-PD 是中国潍柴雷沃重工股份有限公司生产的履带式燃油型液压打桩机。

潍柴雷沃 FR550E2-PD 的驾驶室宽敞、舒适，标配防晒安全车窗，驾驶座椅可以 160°平躺，前挡风玻璃可以部分或全部地收回至棚顶，拥有极佳的驾驶视野和舒适性。

基本参数	
类型	打桩机
发动机	10.8 升 298 千瓦 6 缸
长×宽×高（毫米）	15330×3340×3260
工作重量	53100 千克
行驶速度	5 千米 / 时
最大打桩高度	17 米
激振力	539 千牛

多功能集成手柄，操作更加方便、快捷。该打桩机的维修保养点集中分布，便于日常维护和检修。动臂上集中分布的远程润滑点将润滑脂输送到难以到达的位置。回转齿圈的润滑、电池维护、所有的滤芯和集中润滑点可直接在地面站立维护。

潍柴雷沃 FR550E2-PD 的大臂长度为 11500 毫米，小臂长度为 4500 毫米；单个液压泵最大排量为 270 升 / 分钟；履带板宽度为 800 毫米，履带轴距为 4370 毫米；配重离地间隙为 1237 毫米，最小离地间隙为 550 毫米；尾部回转半径为 4380 毫米。

作业中的潍柴雷沃 FR550E2-PD 打桩机

徐工 XE400DP 打桩机

徐工 XE400DP 是中国徐工集团生产的履带式燃油型液压打桩机。

徐工 XE400DP 搭载五十铃 6HK1X 涡轮增压柴油发动机，采用定制扭矩曲线，具有低速大扭矩、燃油消耗低、经济性好等特点。该打桩机特别强化了行走架和"X"形梁，提高了横截面的强度，分散了机体的应力。强化及增重型工作臂，具有超强的承载能力，能够克服更加恶劣的工作环境。徐工专用液压振动锤，采用原装进口液压马达和高性能的进口减震橡胶块，使其具有更大的激振力，提高了设备的作业效率。

基本参数	
类型	打桩机
发动机	7.8 升 212 千瓦 6 缸
长 × 宽 × 高（毫米）	13614×3190×3329
工作重量	39600 千克
行驶速度	4.5 千米 / 时
最大打桩高度	15.15 米
激振力	356 千牛

徐工 XE400DP 的大臂长度为 9600 毫米，小臂长度为 4200 毫米；单个液压泵最大排量为 304 升 / 分钟；履带板宽度为 600 毫米，履带轴距为 4040 毫米；配重离地间隙为 1227 毫米，最小离地间隙为 505 毫米；尾部回转半径为 3700 毫米。

山河智能 SWDM160 旋挖钻机 ◀◀◀◀

山河智能 SWDM160 是中国山河智能装备股份有限公司生产的履带式燃油型多功能旋挖钻机。

山河智能 SWDM160 采用专用重载伸缩式履带底盘，加强型双动臂平行四边形变幅机构，结构可靠、稳定性高，具备多方位施工能力。整机带钻杆运输不超高、不超宽，鹅头无须折叠，转场运输方便快捷。

基本参数	
类型	中型旋挖钻机
发动机	6.7 升 150 千瓦 6 缸
长×宽×高(毫米)	14416×3980×3578
工作重量	47000 千克
行驶速度	1.5 千米 / 时
最大钻孔深度	52 米
主卷扬最大提升力	160 千牛

山河智能 SWDM160 的液压系统应用负荷传感技术，叠加总功率控制与极限功率控制技术，可根据工况匹配不同转速，有效降低燃油消耗量。主卷扬工作时单层排绳，减少挤压磨损，提高钢丝绳使用寿命，节约更换钢丝绳成本。主卷扬提升力大、速度快，配置一键抖土功能，节省钻孔辅助时间，综合施工效率高。多角度监控摄像头、声光报警、急停按钮等配置，大幅提高施工安全性。故障自诊断报警、控制参数实时显示、专用一键锁定电磁手柄等功能，使钻孔操作省心、省力。

三一 SR285R-C10 旋挖钻机 ◀◀◀◀

三一 SR285R-C10 是中国三一集团生产的履带式燃油型旋挖钻机。

三一 SR285R-C10 针对硬土层及岩层施工设计，钻孔直径为 2.3 米，最深可达 94 米，基本满足高铁桥梁桩、工民建深桩等施工需求。该旋挖钻机突出节能环保、智能操控、稳定高效的特点，充分考虑安全性和人机交互设计，实现全新操作体验。

基本参数	
类型	中型旋挖钻机
发动机	15.7 升 300 千瓦 6 缸
长×宽×高（毫米）	18125×3490×3690
工作重量	100000 千克
行驶速度	1 千米/时
最大钻孔深度	94 米
主卷扬最大提升力	330 千牛

三一 SR285R-C10 采用三一集团自主研发的旋挖钻机专业底盘，搭载五十铃 6WG1 柴油发动机，配备燃油三级过滤系统，保证了产品对油品的高适应性。该旋挖钻机针对入岩工况采用入岩抗振动技术，抗疲劳、使用寿命长，可达 2 万小时不开裂。马达、减速机等配置高，储备系数大，满足恶劣的工况需求。主卷扬高储备设计，能力更大、性能更稳。软件方面，配备三一集团自主研发的 SANY-ADMS 操控系统，采用自然用户界面设计，操作简便易行。三一旋挖 App 为用户提供远程设备监控，使用户对旋挖施工情况、设备维护保养信息等一目了然。

作业中的三一 SR285R-C10 旋挖钻机

徐工 XR460D 旋挖钻机

徐工 XR460D 是中国徐工集团生产的履带式燃油型旋挖钻机。

徐工 XR460D 采用旋挖钻机专用 H 型液压伸缩式履带底盘，装备大直径回转支承，保证了超强的稳定性和运输的便捷性。液压系统采用负荷传感技术，使液压系统效率更高、更节能。三合一组合散热器系统，结构紧凑，散热效率高。

基本参数	
类型	超大型旋挖钻机
发动机	15 升 447 千瓦 6 缸
长×宽×高（毫米）	18040×4050×3615
工作重量	158000 千克
行驶速度	1 千米 / 时
最大钻孔深度	120 米
主卷扬最大提升力	520 千牛

徐工 XR460D 采用独特的大三角变幅机构、超大的钻桅截面，提高了设备工作装置的稳定性，保证了在大孔、超深桩孔施工过程中的成孔质量。徐工 D 系列单排绳主卷扬结构，主卷扬钢丝绳在全钻深状态下，均可满足单排绳卷绕，有效地解决了钢丝绳"咬绳"问题，极大地延长了钢丝绳的使用寿命。动力头拥有普通模式和入岩模式，分别针对土层和岩层作业，提高了施工效率。该旋挖钻机可选配卷扬加压、下车支腿油缸、套管驱动等，扩展性较好。

鼎盛天工 WTL4500 摊铺机

鼎盛天工 WTL4500 是中国鼎盛天工工程机械股份有限公司生产的履带式燃油型液压伸缩摊铺机。

鼎盛天工 WTL4500 功能齐全、技术先进，主要适用于摊铺小型区域、人行道、狭窄街道及乡村道路。该摊铺机采用全液压自动伸缩熨平板，摊铺宽度从 2 米到 4.5 米无级调节，单振单夯保证高密实度。

基本参数	
类型	小型摊铺机
发动机	4 升 93 千瓦 4 缸
长 × 宽 × 高 (毫米)	5280×2300×2480
工作重量	9700 千克
料斗容积	7 立方米
行驶速度	4 千米 / 时
摊铺作业速度	12 米 / 分

鼎盛天工 WTL4500 采用全液压传动系统，使摊铺机的运行更加平稳，保证摊铺质量。螺旋布料器全液压控制，电液自动升降，适用于各种摊铺工况。两侧履带独立液压驱动，使弯道边坡摊铺更加流畅平滑，还可实现原地转向，方便转场、掉头。操作平台可左右移动，使用更加方便。两侧座椅可多方向调节，并能转出车身以外，便于随时观察路面摊铺情况。

三一 SSP185C-8 摊铺机

三一 SSP185C-8 是中国三一集团生产的履带式燃油型多功能摊铺机。

三一 SSP185C-8 是三一集团超大型摊铺机的代表，针对路面稳定土基层作业特点而设计，主要用于路面水稳层施工，适合水泥稳定土、二灰土、级配碎石、碾压混凝土等路面稳定层摊铺施工，也可兼顾高

基本参数	
类型	超大型摊铺机
发动机	12.1 升 320 千瓦 6 缸
长×宽×高（毫米）	7250×3670×4022
工作重量	16600 千克
料斗容积	12 立方米
行驶速度	2.6 千米 / 时
摊铺作业速度	16 米 / 分

等级公路沥青中、下层摊铺。其关键零部件皆采用一流国际品牌，或三一自主核心技术产品。输料底板、导板和熨平底板均采用增厚耐磨钢板，使用寿命大幅提高。螺旋叶片优化了材质及制作工艺，可有效防止叶片断裂，大幅延长使用寿命。螺旋分料器由油缸驱动，自动升降，能根据工况需要随时调整螺旋轴高度，大幅减少了人工调整螺旋轴高度的工作量，提高了施工效率，同时减少了分料离析。

三一 SSP185C-8 采用数字仿真技术和创新设计方法设计的熨平板，具有前后宽度大、刚性好、抗弯曲和抗扭转变形能力强的优点。该摊铺机的基本摊铺宽度为 3000 毫米，最大摊铺宽度为 19000 毫米，最大摊铺厚度为 550 毫米。

徐工 RP403 摊铺机

徐工 RP403 是中国徐工集团生产的履带式燃油型沥青混凝土摊铺机。

徐工 RP403 采用全液压式独立驱动，履带式行走装置，接触面积大、附着力强，适用于国内不同规格的料车。该摊铺机搭载道依茨水冷涡轮增压柴油发动机，功率储备充足，柴油雾化好，经济性好，噪

基本参数	
类型	小型摊铺机
发动机	4 升 75 千瓦 4 缸
长×宽×高（毫米）	5580×1800×3152
工作重量	12000 千克
料斗容积	12 立方米
行驶速度	3.6 千米/时
摊铺作业速度	30 米/分

声低、使用寿命长、适用范围广。强劲的三相交流发电机配发电机管理系统，控制相应摊铺宽度的电力输出，将熨平板加热到工作温度仅需很短的时间。发电机采用独立驱动技术，可以根据工作需要开启，提高了发电机的利用率，增加了元件的可靠性，节约了能源。液压系统采用了负载敏感控制技术，使动力输出高效、节能。驱动元件采用德国力士乐原装进口，保证了系统可靠性。

徐工 RP403 的料斗设计宽大，能够始终储存足够的材料。受料接口能够适应不同吨位的料车。创新设计的 E340T 小型液压伸缩熨平板，采用三点悬挂式结构，单振捣压实装置，提高了施工稳定性和路面成型质量。该摊铺机的基本摊铺宽度为 1800 ～ 3400 毫米，最大摊铺宽度为 4500 毫米，最大摊铺厚度为 260 毫米。

徐工 RP403 摊铺机侧前方视角

展览中的徐工 RP403 摊铺机

徐工 RP903 摊铺机

　　徐工 RP903 是中国徐工集团生产的履带式燃油型沥青混凝土摊铺机。

　　徐工 RP903 是徐工集团 3 系列大型摊铺机中重要的机型之一，具有可靠的品质、优异的作业性能和较高的性价比，可广泛应用于各种等级公路面层材料的摊铺作业。该摊铺机采用全液压驱动、微电脑控

基本参数	
类型	大型摊铺机
发动机	10.5 升 162 千瓦 6 缸
长 × 宽 × 高 (毫米)	7180×3000×3180
工作重量	28000 千克
料斗容积	15 立方米
行驶速度	3 千米 / 时
摊铺作业速度	18 米 / 分

制、左右独立驱动、超声波料位传感控制、电子自动找平、振捣压实等当今世界先进技术，使得其具有摊铺稳定性好、输分料供料均匀、预压实密实度高、平整度好、操作舒适、维修方便、节能环保等优点。

　　徐工 RP903 的分料装置高度可方便地上下移动以适应不同摊铺厚度，减少离析。分料叶片采用高耐磨合金材料，输料底板和熨平板底板采用高耐磨钢板，有效延长了机器的使用寿命。配置液晶显示屏的操作台能直观地显示各种工作参数，并可左右移动，操纵方便。该摊铺机的基本摊铺宽度为 3000 ～ 5850 毫米，最大摊铺宽度为 9150 毫米，最大摊铺厚度为 500 毫米。

沃尔沃 P6820DL ABG 摊铺机 ◀◀◀◀

沃尔沃 P6820DL ABG 是瑞典沃尔沃建筑设备公司生产的履带式燃油型摊铺机。

沃尔沃 P6820DL ABG 特别设计的夯锤条经过完全硬化处理，持久耐用，可实现物料的目标密度。根据具体应用和作业条件，可选择单夯锤熨平板或双夯锤熨平板，以确保平整、均匀的表面效果。

基本参数	
类型	大型摊铺机
发动机	5.7升140千瓦6缸
长×宽×高（毫米）	6452×3257×3780
工作重量	14600千克
料斗容积	15.5立方米
行驶速度	3.3千米/时
摊铺作业速度	21米/分

双夯锤熨平板可在熨平板后方实现更高级别的压实密度，这在摊铺厚沥青时至关重要。该摊铺机的液压伸缩式熨平板采用双加热棒配置，可实现一致、可靠的加热效果。此外，集成式温度控制器可持续调节底板的加热温度，确保整个熨平板热量分布均匀。熨平板设计有三个单独的控制电路，用于独立调节每个熨平板部分的温度。

沃尔沃 P6820DL ABG 性能可靠，在极端天气和海拔条件下工作时仍可保持较好的冷却性能。设计巧妙的发动机室与发动机罩提供了充足的空间，使液压驱动的自适应冷却风扇保持持续的空气循环，从而让发动机和液压系统得到高效冷却。另外，其还可降低噪声，减少油耗，延长零部件使用寿命并优化液压系统效率。该摊铺机的基本摊铺宽度为 2548 毫米，最大摊铺宽度为 10000 毫米，最大摊铺厚度为 300 毫米。

达刚 DGL5162GLQ-G254 沥青灌缝洒布车 ◀◀◀◀

　　达刚 DGL5162GLQ-G254 是中国西安达刚路面机械股份有限公司生产的轮式燃油型沥青灌缝洒布车。

　　达刚 DGL5162GLQ-G254 具有智能型沥青洒布车的一切功能，同时还具有不开槽压力灌缝功能。该沥青灌缝洒布车主要用于沥青路面裂缝处置，水泥路面伸缩缝防水处

基本参数	
类型	沥青洒布车
发动机	6.7 升 155 千瓦 6 缸
长×宽×高（毫米）	8475×2440×3250
工作重量	15210 千克
沥青罐容积	2 立方米
行驶速度	90 千米 / 时
喷洒宽度	4 米

理，沥青路面底层的透层、防水层、黏结层的洒布作业。可洒布高黏度改性沥青、重交沥青、乳化沥青等，也可用灌缝胶或改性沥青进行灌缝。

　　达刚 DGL5162GLQ-G254 的罐体分为加热罐和储存罐，灌缝时只对加热罐中的改性沥青或灌缝胶加热，进行沥青洒布时可对加热罐和储存罐中的沥青进行加热。该沥青灌缝洒布车具有很强的加热能力，每次施工后剩余沥青无须放回沥青库中，2 小时左右可将 2500 升沥青或 500 升灌缝胶从常温（环境温度）加热到使用温度。其洒布宽度可自由调节，每个喷嘴可单独控制。沥青洒布均匀，独特的喷嘴设计可进行三重叠喷洒。各种洒布要求均可在驾驶室完成，洒布精度高，喷洒量不受车速变化影响。

徐工 XLS403 沥青洒布车

徐工 XLS403 是中国徐工集团生产的轮式燃油型沥青洒布车。

徐工 XLS403 是专业喷洒乳化沥青、稀释沥青、热沥青、改性沥青的设备，主要用于高速公路、各等级公路和市政道路的建设及养护工程，适合不同等级路面的透层、黏结层、上下封层等沥青的洒布施工。

基本参数	
类型	沥青洒布车
发动机	3.9 升 91 千瓦 4 缸
长 × 宽 × 高 (毫米)	8040×2300×2935
工作重量	9400 千克
沥青罐容积	5 立方米
行驶速度	90 千米 / 时
喷洒宽度	6 米

徐工 XLS403 配备经过优化设计的沥青罐体加热系统，温升速度快，保温性能好；折叠式喷洒梁，沥青洒布精度高，能实现三重叠洒布，均匀性好、操作方便；智能控制系统，只需设定每平方米沥青洒布量，即可实现自动喷洒；驾驶室内触屏显示器，实时显示并记录沥青喷洒面积、作业距离及喷洒总量；起步强喷控制技术，实现零起步喷洒；自动和手动两套操作系统，操作方便可靠；导热油加热系统可对沥青罐体、沥青泵、沥青管路、喷洒梁全方位加热；配有手持喷枪，能对道路边角区域进行局部喷洒；柴油、压缩空气双清洗系统，施工后方便清理管路残余沥青。

徐工 XLY500B 沥青路面养护车<<<<

徐工 XLY500B 是中国徐工集团生产的保温储料式沥青路面养护车。

徐工 XLY500B 用柴油燃烧器及电热棒加热两种方式实现沥青混合料的加热及保温，可选配路面加热墙，可高效完成"大面积坑槽病害修补"和"路面就地再生"两种坑槽修补工艺，具备路面切割、破碎、

基本参数	
类型	沥青路面养护车
发动机	4.5 升 155 千瓦 4 缸
长 × 宽 × 高 (毫米)	8190×2460×3200
工作重量	9800 千克
料仓容积	5 立方米
加热墙加热面积	2.5 平方米
行驶速度	90 千米 / 时

乳化沥青喷洒、出料、压实、废料存储等多种功能，操作方便，广泛应用于高速公路、国省干线、市政道路沥青路面坑槽病害快速修补及日常养护。

徐工 XLY500B 的料仓门采用液压开启方式，操作方便快捷。料仓具有陶瓷纤维隔热层，保温效果好。该沥青路面养护车采用柴油燃烧器和电热棒加热，加热速度快，节能环保。可外接 220（380）伏电源，实现隔夜加热保温。电加热乳化沥青喷洒系统，采用自动伸缩喷洒管，具备柴油及气压清洗功能。液压升降压路机置于驾驶室后方，操作安全方便。徐工XLY500B 采用帕金斯上装发动机，工作时无须启动底盘发动机，使用经济性好。

柳工 CLG5100-2 铣刨机

柳工 CLG5100-2 是中国广西柳工机械股份有限公司生产的实心轮胎四驱铣刨机。

柳工 CLG5100-2 采用全液压行走和全液压铣刨技术，能铣刨沥青混凝土路面、水泥混泥土路面和稳定土层，是高速公路、机场、市政等各等级道路的理想养护设备。该

基本参数	
类型	中型铣刨机
发动机	5.9升154千瓦6缸
长×宽×高(毫米)	8200×2460×2850
工作重量	14500千克
行驶速度	7.2千米/时
最大铣刨宽度	1米
铣刨作业速度	30米/分

铣刨机采用进口品牌液压泵和马达，稳定性高、使用寿命长。采用静压驱动，由行走马达减速机直接驱动轮胎，可靠性较高。

柳工 CLG5100-2 采用高压驱动铣刨转子，更换刀头后可以铣刨沥青路面或水泥路面。全液压驱动铣刨鼓铣刨，具有过载保护功能，大幅提升铣刨效率和可靠性。标配可折叠输料架，宽度大，收料干净，有效减少清理费用。该铣刨机的铣刨深度达180毫米，铣刨鼓转速可达150转/分钟。其燃油箱容量为370升，液压油箱容量为120升，水箱容量为920升。

柳工 CLG5100-2 铣刨机侧后方视角

徐工 XM200KII 铣刨机

徐工 XM200K II 是中国徐工集团生产的履带式燃油型铣刨机。

徐工 XM200K II 的行走装置、皮带输送机、冷却风扇、喷水装置和全部液压控制元件等，均由独立的液压马达驱动。所有液压油泵都由柴油发动机通过分动箱驱动。回流液压油和全部控制功能元件的液压油通过吸回

基本参数	
类型	中型铣刨机
发动机	15升470千瓦6缸
长×宽×高（毫米）	7650×2580×3000
工作重量	34000千克
行驶速度	5千米/时
最大铣刨宽度	2米
铣刨作业速度	85米/分

油过滤器进行过滤。全自动功率调节系统可使发动机负载自动完成铣刨功率与驱动功率之间的相互匹配。自动功率的调节，可保证机械在任何工况下都能发挥最佳的功率，而又不会使机械过载。智能控制系统能够实现整机在工作模式和行走模式下的在线显示、故障诊断、故障报警、维修保养提示等先进功能。同时，该铣刨机通过配备的显示器能更加直观地读取各种数据。

徐工 XM200K II 安装了一套精确的自动控制装置，以便控制铣削深度。以铣削转子两侧板为基准，控制装置通过不断的输出信号及反馈，调整前履带支柱内油缸的长度，用以保持设定的铣刨深度，操作员可在控制台或地面上进行监控。另外，手动控制可超越自动控制的指令。

作业中的徐工 XM200K Ⅱ 铣刨机

山河智能 SWDR138 切削钻机 ◀◀◀◀

山河智能 SWDR138 是中国山河智能装备股份有限公司生产的履带式燃油型切削钻机。

山河智能 SWDR138 的上车可以 360°回转，一次定位的钻孔作业范围大，减少了移机定位，极大提高了作业效率。独特的高速、大扭矩切削回转式凿岩方式，针对软

基本参数	
类型	切削钻机
发动机	6.7 升 140 千瓦 6 缸
长×宽×高(毫米)	14800×3400×3500
工作重量	24000 千克
行驶速度	34.5 千米/时
最大钻孔深度	35 米
最大推进力	50 千牛

质岩层的工作效率极高。高风压、大风量螺杆空压机为冲击凿岩提供了强劲的动力，轻松钻凿硬质岩层。推进、提升速度设置工作挡和快速挡，减少了辅助作业时间。

山河智能 SWDR138 采用强化型底盘，离地间隙大、越野能力强，提高了行走的稳定性。康明斯发动机，高原适应性强，油品适应好。标配发动机低温启动装置，低温适应性好。智能温控系统，可根据环境温度调整散热能力，环境适应性好。根据不同的地质条件，可配置高效的两级干式除尘或高压大流量湿式除尘。

作业中的山河智能 SWDR138 切削钻机

徐工 TZ3 凿岩台车

　　徐工 TZ3 是中国徐工集团生产的三臂液压凿岩台车。

　　徐工 TZ3 主要适用于隧道、矿山以及其他地下工程中巷道、隧洞的掘进施工作业，可进行钻爆破孔、锚杆孔、掏槽孔，安装炸药、锚杆、风管等作业。该凿岩台车结构紧凑，承载能力强，吸振性能好。缩回状态具有良好的通过性，伸展状态能够大幅提升钻臂的覆盖范围。高强度铝合金推进梁，抗弯能力强。单层卷盘、抗震管夹等设计，大幅提升了管路的使用寿命。进口凿岩机，具有超强抗倾弯能力、高钻进速度和低钻具损耗等特点。

基本参数	
类型	凿岩台车
发动机	7.2 升 200 千瓦 6 缸
长×宽×高（毫米）	16000×2950×3400
工作重量	45800 千克
行驶速度	17.5 千米 / 时
最大作业覆盖面积	165 平方米
钻孔深度	5.14 米

　　徐工 TZ3 采用三泵系统，分工明确、抗干扰能力强，输出流量稳定。凿岩作业采用液压直接控制，管路精简，易维保。钻进系统具有防卡钎、防空打及自动回退功能，有效提升钻进效率、降低钻具损耗。该凿岩台车的最大作业高度为 12175 毫米，最大作业宽度为 14560 毫米。钻臂举升角度为 65°（-30°），钻臂摆动角度为 ±45°。凿岩机冲击频率为 60（70）赫兹，回转扭矩为 325（762）牛·米。